pesquisa e planejamento de marketing e propaganda

selo DIALÓGICA da Editora InterSaberes faz referência às publicações que privilegiam uma linguagem na qual o autor dialoga com o leitor por meio de recursos textuais e visuais, o que torna o conteúdo muito mais dinâmico. São livros que criam um ambiente de interação com o leitor – seu universo cultural, social e de elaboração de conhecimentos –, possibilitando um real processo de interlocução para que a comunicação se efetive.

SÉRIE MARKETING PONTO A PONTO

pesquisa e planejamento de marketing e propaganda

Marcia Valéria Paixão

Av. Vicente Machado, 317. 14º andar.
Centro . CEP 80420-010 . Curitiba . PR . Brasil
Fone: (41) 2103-7306
www.editoraintersaberes.com.br
editora@editoraintersaberes.com.br

Conselho editorial Dr. Ivo José Both (presidente); Drª Elena Godoy; Dr. Nelson Luís Dias; Dr. Ulf Gregor Baranow
Editor-chefe Lindsay Azambuja
Editor-assistente Ariadne Nunes Wenger
Editor de arte Raphael Bernadelli
Preparação de originais Gustavo Scheffer; Maria Thereza Moss de Abreu
Copidesque Sandra Regina Klippel
Capa Sílvio Gabriel Spannenberg
Projeto gráfico Bruno Palma e Silva
Iconografia Danielle Scholtz

Dados Internacionais de Catalogação na Publicação (CIP)
(Câmara Brasileira do Livro, SP, Brasil)

Paixão, Marcia Valéria
    Pesquisa e planejamento de marketing e propaganda / Márcia Valéria Paixão. – Curitiba: InterSaberes, 2012.
(Série Marketing Ponto a Ponto).

    Bibliografia
    ISBN 978-85-8212-003-3

    1. Marketing 2. Propaganda I. Título. II. Série.

12-07460   CDD-658.8

  Índices para catálogo sistemático:
1. Marketing e propaganda: Administração   658.8

1ª edição, 2012.

Foi feito o depósito legal.

Informamos que é de inteira responsabilidade da autora a emissão de conceitos.

Nenhuma parte desta publicação poderá ser reproduzida por qualquer meio ou forma sem a prévia autorização da Editora InterSaberes.

A violação dos direitos autorais é crime estabelecido na Lei nº 9.610/1998 e punido pelo art. 184 do Código Penal.

sumário

Apresentação, 11

Como aproveitar ao máximo este livro, 13

Capítulo 1
marketing e estratégia
15

Mas o que é essa efetividade operacional?, 16

Estratégia, 19

Planejamento estratégico empresarial, 21

Síntese, 24

Questões para revisão, 24

Para saber mais, 26

Capítulo 2
o marketing
27

Marketing estratégico, 32

Comportamento do consumidor, 35

História do marketing, 40

Síntese, 45

Questões para revisão, 45

Para saber mais, 47

Capítulo 3
o planejamento estratégico de marketing
49

A empresa e o marketing, 51

Estratégias para o diagnóstico, 56

Sistema de marketing, 68

Síntese, 72

Questões para revisão, 73

Para saber mais, 75

Capítulo 4
pesquisa de marketing
77

Sistema de Informações Mercadológicas (SIM), 79

Pesquisa de marketing, 82

Elaboração do projeto de pesquisa de marketing, 85

Síntese, 102

Questões para revisão, 102

Para saber mais, 103

Capítulo 5
elaboração do plano de marketing
105

Missão da organização, 107

Análise de mercado, 108

Análise da situação atual ou diagnóstico de marketing, 108

Objetivos de marketing, 111

Estratégias do composto de marketing, 111

Administrando o setor de vendas, 128

Plano de ação, 130

Monitoramento e controle, 131

Síntese, 135

Questões para revisão, 136

Para saber mais, 137

Capítulo 6
relacionamento com os clientes internos e externos
139

Programa de marketing interno, 143

Marketing de relacionamento: conquista e fidelização dos clientes, 148

Síntese, 154

Questões para revisão, 155

Para saber mais, 156

Para concluir, 157

Referências, 161

Anexo, 167

Respostas, 173

Sobre a autora, 175

Dedico este livro à família mais maravilhosa
que um ser humano pode desejar: a minha.

Agradeço aos meus alunos, que a cada dia me ensinam a ser uma pessoa melhor.

apresentação

A **motivação deste livro está no intuito de,** como analista de **marketing** e professora universitária, responder a algumas perguntas que sempre fazem parte da maioria das discussões, tanto em sala de aula como no ambiente empresarial. Afinal, **o que é marketing? É fazer propaganda? Quantos tipos de marketing existem?**

Inicialmente, fica difícil explicar que o marketing é a função empresarial que busca criar valor para o cliente e que esse valor gera vantagem competitiva para a empresa. O preconceito em relação a essa função – de que marketing é vendas, é propaganda – esconde o verdadeiro propósito da atividade.

O marketing é um só e sua aplicação acontece em todos os setores e todas as instituições da sociedade – prestadoras de serviços, indústrias, instituições educacionais, partidos políticos, organizações não governamentais, comércio, turismo. Enfim, as estratégias mercadológicas surgem como processo indispensável na busca dos objetivos organizacionais, quaisquer que eles sejam.

Webster Junior (1992) afirma que, de todas as funções de gerenciamento, o marketing é a mais complicada de ser definida. Para o autor, **marketing** é, simultaneamente, **cultura**, **estratégia** e **tática**. Seu desafio é grande e envolve a construção de uma orientação para o cliente (cultura), o desenvolvimento

> Apesar de o termo *marketing* ser um estrangeirismo, pelo seu uso muito recorrente nesta obra não será grafado em itálico, como geralmente se faz em casos de igual natureza.

de um posicionamento estratégico (estratégia) e a elaboração de planos de ação (tática).

Sempre digo aos meus alunos que o profissional de marketing é um estrategista, responsável pela competitividade empresarial e pelo aumento da lucratividade. Eles se assustam com essa afirmação, mas fica fácil perceber que o mercado exige uma nova visão das organizações em busca de melhores estratégias, independentemente do seu setor de atuação.

O mundo se encontra em um processo rápido de mudanças extremamente significativas, com fortes impactos na vida das organizações e das pessoas. Assim, é importante que conheçamos as filosofias administrativas com relação ao marketing. Empresas precisam ser organizadas e gerenciadas estrategicamente para que satisfaçam aos desejos e às necessidades de seus clientes com maior eficiência e eficácia do que seus concorrentes.

Marketing, para Kotler (2004), é arte e ciência, é seleção de mercados-alvo, é conquista, manutenção e fidelização de clientes, criando, entregando e comunicando um valor superior para eles, pois a entrega de valor está diretamente relacionada à administração do *mix* mercadológico.

Para que essa arte, essa ciência, seja compreendida, a obra está estruturada em seis capítulos. O primeiro aborda marketing e estratégia, bem como sua relação com o planejamento estratégico empresarial. No segundo, veremos definições sobre marketing estratégico, comportamento do consumidor e uma breve abordagem das origens do marketing, bem como sua inserção no Brasil.

O planejamento estratégico para o marketing e as estratégias para o diagnóstico são o tema do terceiro capítulo; o quarto fala sobre pesquisa de marketing e a importância da informação e dos modelos de pesquisa. O quinto capítulo aborda a elaboração do plano de marketing, as análises de mercado e as estratégias do *mix* mercadológico. O sexto e último capítulo trata de métodos de relacionamento com clientes internos (endomarketing) e externos (conquista e fidelização de clientes), bem como ações de marketing para atingir esses objetivos.

Tenha uma boa leitura.

A autora.

Como aproveitar ao máximo este livro

Este livro traz alguns recursos que visam enriquecer o seu aprendizado, facilitar a compreensão dos conteúdos e tornar a leitura mais dinâmica. São ferramentas projetadas de acordo com a natureza dos temas que vamos examinar. Veja a seguir como esses recursos se encontram distribuídos no projeto gráfico da obra.

Conteúdos do capítulo
Logo na abertura do capítulo, você fica conhecendo os conteúdos que serão nele abordados.

Após o estudo deste capítulo, você será capaz de:
Você também é informado a respeito das competências que irá desenvolver e dos conhecimentos que irá adquirir com o estudo do capítulo.

Questões para revisão
Com essas atividades, você tem a possibilidade de rever os principais conceitos analisados. Ao final do livro, a autora disponibiliza as respostas às questões, a fim de que você possa verificar como está sua aprendizagem.

Estudo de caso

Essa seção traz ao seu conhecimento situações que vão aproximar os conteúdos estudados de sua prática profissional.

Síntese

Você dispõe, ao final do capítulo, de uma síntese que traz os principais conceitos nele abordados.

Para saber mais

Você pode consultar as obras indicadas nessa seção para aprofundar sua aprendizagem.

capítulo 1
marketing e estratégia

> **Conteúdos do capítulo**
>
> » Conceitos de estratégia.
> » Posicionamento estratégico.
> » Planejamento estratégico empresarial.
>
> **Após o estudo deste capítulo, você será capaz de:**
> 1. compreender o planejamento empresarial;
> 2. refletir sobre a importância da estratégia;
> 3. discutir a vantagem competitiva.

Este início de século vem exigindo das empresas flexibilidade para responder rapidamente às alterações competitivas e de mercado. O que vemos é uma corrida em busca da efetividade operacional para se atingir uma lucratividade superior.

Mas o que é essa **efetividade operacional**?

Trata-se do desempenho de atividades, por parte da empresa, de forma mais eficiente e eficaz do que a praticada pelos concorrentes. Contudo, não basta que as empresas realizem atividades de modo igual ou melhor do que o executado por seus concorrentes. **Elas devem criar valor**, e por *criação de valor* entendemos a oferta ao cliente de uma solução melhor do que a do concorrente.

Um grande número de teorias de gestão para auxiliar as organizações a se adaptarem às novas imposições do mercado surge a todo instante, mas isso não garante a sobrevivência empresarial. A garantia está na realização de atividades diferentes daquelas realizadas pelos concorrentes – o nome disso é *posicionamento estratégico*.

Porém, outro grande problema assombra as empresas. Estas podem facilmente copiar o posicionamento estratégico das rivais, fazendo com que as vantagens competitivas se tornem temporárias – o que chamamos **benchmarking**. Entretanto, para Porter (1996), quanto mais as empresas o fazem, mais elas se parecem.

> Portanto, o foco está em desenvolver uma estratégia apoiada em atividades diferenciadas, o que significa ser diferente por meio da criação de conjuntos de valores distintos, produzindo um *mix* inovador.

Benchmarking é a realização de pesquisas que buscam comparar produtos e práticas empresarias com os concorrentes; é aprender com os concorrentes.

Sabemos que a **eficiência operacional e a estratégia**, de acordo com Porter (1996), **são as bases de um desempenho excelente**, mas é preciso se entender que se tratam de elementos diferentes. Para que uma empresa possa competir e fazer melhor do que seus concorrentes, ela deve preservar características próprias, proporcionando maior valor aos consumidores, o que permite manter um posicionamento estratégico com base no seu diferencial.

Dessa maneira, **a essência do posicionamento estratégico** pode se basear em **três aspectos diferentes** (Porter, 1996):

» na **variedade**, quando uma empresa produz melhor do que as rivais um determinado produto ou serviço, utilizando conjuntos distintos de atividades;

» em **necessidades**, quando existem grupos de consumidores com diferentes necessidades e quando um conjunto integrado de atividades satisfaz melhor a essas necessidades;

» no **acesso**, quando uma empresa busca satisfazer às necessidades específicas de um conjunto de consumidores.

Se prestarmos atenção ao funcionamento das organizações, veremos que todas possuem uma estratégia, mesmo que não saibam disso. Estratégia competitiva é uma combinação das metas e das políticas adotadas para atingi--las. Estratégia é a criação de uma posição única e valiosa, defendendo uma posição rentável. Para Porter (1996), a "eficácia operacional é um requisito para a sobrevivência da empresa, enquanto a estratégia competitiva é o diferencial, a vantagem competitiva sustentável das organizações", e o foco, nesse caso, é o ambiente externo.

A vantagem competitiva sustentável é a competência essencial da organização. Em marketing, a vantagem competitiva de uma empresa significa que esta possui um composto mercadológico considerado pelos mercados-alvo melhor do que o de seus concorrentes. Trata-se da capacidade de criar valor que seja percebido pelo cliente como superior ao do concorrente (Prahalad; Hamel, 1998).

A vantagem competitiva tem origem em uma competência sustentável (e de difícil imitação) pelo maior tempo possível. Quando pensamos em algumas marcas ou em alguns produtos, logo os associamos a alguma característica que os diferencie.

> **Por exemplo**: o que vem à nossa mente quando vemos a marca Nestlé? E quando pensamos em Coca-Cola, Casas Bahia, ou em produtos como OMO, iPhone e tantos outros que são citados e estudados nas faculdades?

A **característica única** dos produtos nos quais pensamos é o que os diferencia dos demais. Ou seja, a **vantagem competitiva é o valor que uma empresa consegue criar com base em sua competência essencial**, aquilo que ela realmente sabe fazer e que é percebido pelo cliente.

Já a **competência essencial é o aprendizado contínuo da organização**, sua capacidade de **integrar tecnologias**, o grau de **comunicação, envolvimento** e **comprometimento** entre os integrantes da organização (Prahalad; Hamel, 1998). Todos esses fatores valorizam os talentos e os conhecimentos que possam gerar produtos essenciais. Para tanto, são necessárias a criação e a implantação de uma arquitetura estratégica, apoiada em quatro grandes pilares: **posicionamento, mercado, valores** e **competências** (Prahalad; Hamel, 1998).

Figura 1 – Pilares da estratégia

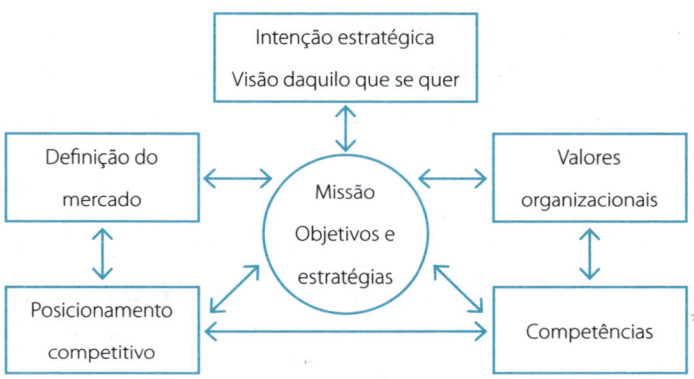

Fonte: Adaptado de Hamel; Prahalad, 1998.

Portanto, a empresa deve, antes de tudo, conhecer a si mesma, declarar seus valores e aquilo em que acredita. Ao identificar suas competências, a organização pode definir mercados e se posicionar. Somente assim pode ser delineada sua estratégia de atuação, momento em que a empresa pode se dedicar à busca de mercados e de seu posicionamento nesses ambientes. Essa é, portanto, a função do marketing na estratégia empresarial.

Estratégia

Os primeiros significados de *estratégia* surgiram há alguns milhares de anos, quando os príncipes e os reis conduziam exércitos para a guerra. Nos últimos séculos, esse significado foi estendido à política e à economia. Na área empresarial, o sentido de estratégia só foi absorvido a partir da **Revolução Industrial**. Com o passar do tempo, a mecanização dos sistemas de produção substituiu o artesanato, reduzindo custos e melhorando a produção de mercadorias. A burguesia industrial, percebendo que poderia obter lucros, investia pesadamente no financiamento de fábricas, que ganhariam dimensões internacionais.

> Revolução Industrial, resumidamente, é um período histórico que teve início no final do século XVII, principalmente na Europa, com a utilização de um motor a vapor para facilitar e/ou substituir o esforço humano em minas de carvão na Inglaterra. Compreende uma série de inovações tecnológicas cujo impacto alterou os processos produtivos, a economia e a sociedade. Sua principal característica é a utilização de máquinas para suplantar o trabalho humano. Seus efeitos deram origem, entre outros, a uma nova relação entre capital e trabalho.

Esse período trouxe uma revolução tecnológica. Os produtos passaram a ser produzidos por um método mais rápido, o que barateava seus preços e estimulava o consumo. A complexidade empresarial aumentou e o crescimento acelerado e desorganizado demandou estudos na área de administração, para auxiliar as empresas da época a responderem mais rapidamente às mudanças. Um perfil gerencial mais empreendedor obrigou as organizações empresariais a redefinirem seus papéis.

Desde então, várias teorias administrativas surgiram e, em especial após a Segunda Guerra Mundial (1939-1945), o panorama socioeconômico mudou. Palavras como *concorrência* e *consumidor* ganharam relevância nas discussões das cúpulas empresariais. Nesse contexto, ganhou espaço a **administração estratégica**, cujo objetivo é assegurar a continuidade da empresa em ambientes de contínua transformação.

> Para uma melhor compreensão do **conceito de estratégia**, vejamos algumas de suas definições:
> » Para Kotler (2004), estratégia é desenvolver planos específicos, bem implementados e ajustados aos objetivos propostos.
> » Para Certo e Peter (1993), o foco da estratégia é saber como lidar com a concorrência.
> » Para Oliveira (2001), a estratégia é o conjunto de decisões cujo objetivo é orientar o posicionamento da empresa no ambiente. Está diretamente relacionada à utilização adequada dos recursos físicos, financeiros e humanos.

Por essas definições, percebemos que a estratégia existe para planejar a evolução de uma empresa. Dessa maneira, a administração estratégica envolve a estratégia empresarial, definida por Oliveira (2001) como a administração do futuro. O processo de planejamento da estratégia busca um futuro desejado, envolvendo um ajustamento interativo entre as mudanças ocorridas nos fatores ambientais e as que estão presentes nos fatores internos da empresa (Oliveira, 2001).

A gestão estratégica, ao longo do tempo, teve suas definições focadas no caminho a ser tomado pela empresa. É a orientação do pensamento organizacional para o futuro. E, para haver um futuro, a empresa precisa desenvolver e planejar a sua estratégia.

Planejamento estratégico empresarial

O planejamento estratégico surge como uma resposta à competitividade. Seu objetivo é analisar as oportunidades oferecidas pelos ambientes empresariais, os pontos fortes e fracos da empresa, escolhendo uma estratégia que satisfaça do melhor modo possível aos objetivos empresariais. O planejamento estratégico é a elaboração e utilização, do modo mais eficiente e eficaz, dos recursos da empresa para a obtenção de vantagens competitivas.

O desenvolvimento desse plano deve estimular atividades que ajudem as pessoas a trabalharem em equipe, de acordo com a estratégia, a filosofia e a política da organização (Certo; Peter, 1993). É preciso definir os objetivos, declarar as políticas, decidir o que fazer primeiro, o que fazer depois, quando e onde executar cada operação.

O **planejamento estratégico é uma visão específica do futuro da empresa**, tendo como base o mercado no qual vai competir, os concorrentes, os produtos, os serviços e os valores a serem oferecidos, as vantagens e a lucratividade em longo prazo, tudo isso compatibilizado com as atividades da organização, com o ambiente no qual ela opera e com as capacidades de seus próprios recursos (Tiffany; Peterson, 1999).

Assim, o planejamento estratégico é o processo gerencial que desenvolve e mantém uma direção estratégica que deve estar alinhada com as metas e os recursos da organização, sem perder de vista as oportunidades de mercado que estão em constante mudança. Para tanto, esse processo deve se configurar em diversas fases: análise ambiental interna e externa, definição de novos paradigmas, definição de missão, de negócios e de políticas, além da determinação das ações estratégicas para a implementação do plano com a integração da organização (Kotler, 2004).

A análise dessas definições nos leva à conclusão de que o planejamento estratégico é **complexo** e **mutável**. Entretanto, sem ele, a empresa pode perder de vista seus objetivos, ou nem ser capaz de defini-los. Esse planejamento se dá em todas as esferas empresariais.

Planejar estrategicamente significa definir a missão e a visão da empresa, identificando suas grandes áreas de atuação. A **missão** é o propósito específico da organização, auxiliando na concentração dos esforços das pessoas para uma direção comum, assegurando-se de que não se persigam propósitos conflitantes; é a declaração dos valores empresariais. A **visão** é a imagem que a organização tem do seu futuro, declarada com base nos recursos disponíveis, nos relacionamentos que deseja manter com seus clientes e mercados e nas práticas para a satisfação contínua das necessidades e das preferências dos clientes (Tavares, 2005; Drucker, 2000; Ribeiro, 2008; Oliveira, 1993).

Planejar estrategicamente é analisar ambientes e identificar tendências, ameaças e oportunidades dos negócios da empresa. É também formular os objetivos que auxiliarão a organização a cumprir sua missão, estabelecendo metas para monitorá-la e avaliá-la, para que – se necessário – possa ser replanejada. Trata-se de um ciclo de longo prazo que norteia toda a organização (Oliveira, 1993).

Podemos ver claramente que o planejamento estratégico contempla todas as funções empresariais – marketing, produção, finanças, recursos humanos, tecnologia da informação –, mesmo que cada uma dessas áreas realize suas metas específicas em função dos objetivos gerais da organização. Na sequência do livro, abordaremos o planejamento estratégico de marketing, o qual tem por objetivo desenvolver estratégias e tomar decisões sobre mercados, posicionamento, criação de valor para clientes e aumento dos lucros das empresas. Antes, porém, vamos examinar um pouco melhor o conceito de marketing, tema de nosso próximo capítulo.

Estudo de caso

"Just do it". Esse é o *slogan* da empresa Nike, que, por meio de jogadores de basquete e futebol, corredores etc., tornou-se um estilo de vida e sinônimo de pessoa atlética. A maior empresa de *footwear* (tênis e afins) e de vestuário esportivo do mundo investe na qualidade; esta, por sua vez, é baseada na *performance* e no desenvolvimento contínuo de novos produtos. Esse posicionamento faz com que os consumidores paguem mais por roupas, tênis e outros artigos que os liguem a uma identidade social.

Assim também é a Harley-Davidson®, fabricante de motocicletas que não vende simplesmente um meio de transporte, mas oferece um estilo de vida, a possibilidade de se tornar membro de uma comunidade muito distinta.

As duas empresas se apoiam tanto em rigorosos padrões de qualidade como na busca da satisfação de desejos de liberdade e sentimento de juventude. A qualidade e o *design* dos produtos contribuem para a fidelização dos clientes e a Nike aposta na inovação. A inovação é um processo contínuo e pode acontecer de quatro maneiras: inovações organizacionais, de produto, de processo e de marketing. Empresas como a Nike realizam constantemente mudanças em seus produtos e buscam novos conhecimentos sobre seus clientes, para poder atender a necessidades e desejos dos consumidores, um dos princípios básicos do marketing.

Porém, para atender perfeitamente, de maneira a encantar o cliente, é essencial conhecê-lo profundamente. Assim, suas expectativas serão atingidas com exatidão e podem até mesmo ser ultrapassadas.

Com base no caso exposto, procure responder:

1. Em que se baseia o posicionamento estratégico das marcas?
2. De que maneira as empresas conseguem agregar valor a seus produtos?
3. A vantagem competitiva sustentável é a competência essencial da organização. De que maneira essa afirmação se aplica às marcas Nike e Harley-Davidson®?

4. A **inovação**, segundo o Manual de Oslo (2004), publicado pela Organização para Cooperação e Desenvolvimento Econômico (OCDE), é a implementação de um produto, bem ou serviço novo ou significativamente melhorado. Já para Hamel (2000), a inovação é definida como um processo estratégico de reinvenção contínua do próprio negócio, bem como de criação de novos conceitos de negócios. Em sua opinião, de que maneira a inovação ocorre na Nike e na Harley-Davidson®?

Síntese

A mundialização dos mercados contribuiu para o surgimento de um novo cenário mercadológico. Novas tecnologias e técnicas produtivas redefiniram os conceitos de competitividade e aproximaram mais consumidores e mercados. Diante disso, a definição de estratégias e o planejamento se tornaram indispensáveis, exigindo das organizações a criação de vantagens competitivas que as diferenciem das demais.

A diferenciação posiciona as empresas na medida em que estas entregam a seus consumidores características significativas que irão distingui-las em relação a seus concorrentes.

Questões para revisão

1. Para Oliveira (1993), o planejamento estratégico é um processo gerencial que possibilita estabelecer o rumo a ser seguido pela empresa para que esta obtenha um nível de otimização na relação da empresa com seu ambiente. De que maneira isso acontece?
2. Pesquise o conceito de estratégia e relacione-o com a atual situação do cenário empresarial.
3. Agregar valor a um produto implica executar uma ou mais atividades a um custo menor ou de uma forma melhor que os concorrentes (Porter, 1990). A essas atividades chamamos de *diferencial*. Um diferencial pode ser, então:

a. a adição de um serviço quando o produto não pode ser facilmente diferenciado.
b. o *design*, conjunto de características que afetam a aparência e o funcionamento do produto.
c. a confiabilidade: probabilidade de um produto não quebrar ou apresentar mau funcionamento.
d. o atendimento ao cliente.
e. Todas as alternativas estão corretas.

4. De acordo com a Fundação Nacional da Qualidade (FNQ, 2009), o *benchmarking* é um método para comparar o desempenho de algum processo, a prática de gestão ou o produto da organização com o de outras organizações que estejam sendo executados de maneira mais eficaz e eficiente. É usado também para entender as razões desse desempenho superior, para adaptá-lo à realidade da organização e implementar melhorias significativas (FNQ, 2009). Enfim, o *benchmarking* pode beneficiar uma empresa de diversas maneiras. Identifique aquela que **não corresponde** a essa afirmação:
   a. Possibilitar que os processos incorporem as melhores práticas em busca de melhorias.
   b. Desestimular e desmotivar os profissionais, pois a criatividade não é exigida na implementação das descobertas da investigação.
   c. As pessoas podem ser mais receptivas a novas ideias quando estas não se originam na própria indústria.
   d. Pode identificar avanços tecnológicos.
   e. Os envolvidos no processo podem constatar que os contatos do *benchmarking* têm valor para o futuro crescimento profissional.

5. A diferenciação é criar algo que seja considerado único no âmbito de toda a indústria (Porter, 1996). Assim, podemos dizer que um diferencial oferece à empresa:
   a. uma vantagem competitiva.

b. um forte controle de custos e despesas.
c. redução de custos para a área de vendas.
d. aumento da escala de produção.
e. Nenhuma das alternativas.

Para saber mais

Os leitores interessados em saber mais sobre o **Modelo de Excelência em Gestão®** (MEG), da Fundação Nacional da Qualidade, podem acessar o *link* exposto a seguir. Além do modelo, o *site* da fundação traz diversas publicações, como artigos e outros periódicos relacionados ao tema.

FNQ – Fundação Nacional da Qualidade. **Critérios Compromisso com a excelência e Rumo à excelência**: 2009-2010. São Paulo: Fundação Nacional da Qualidade, 2009. Disponível em: <http://www.ppqg.org.br/rede_nacional_gestao.pdf>. Acesso em: 15 abr. 2010.

Para saber mais sobre **inovação**, acesse o *site* da Organização para Cooperação e Desenvolvimento Econômico (OCDE) e faça a leitura do Manual de Oslo, que traz todas as informações sobre os vários tipos de inovação dentro das empresas.

OCDE – Organização para Cooperação e Desenvolvimento Econômico. **Manual de Oslo**: proposta de diretrizes para coleta e interpretação de dados sobre inovação tecnológica. 2004. Disponível em: <http://www.finep.gov.br/imprensa/sala_imprensa/manual_de_oslo.pdf>. Acesso em: 15 abr. 2010.

Os leitores interessados em aprofundar os estudos sobre estratégia e planejamento estratégico na gestão das organizações podem consultar as seguintes obras:

OLIVEIRA, D. de P. R. de. *Planejamento estratégico*: conceito, metodologias e práticas. São Paulo: Atlas, 1993.

PORTER, M. E. *Vantagem competitiva*: criando e sustentando um desempenho superior. Rio de Janeiro: Campus, 1990.

capítulo 2
o marketing

Conteúdos do capítulo

» Marketing estratégico.
» Comportamento do consumidor.
» Origens do marketing.

Após o estudo desse capítulo, você será capaz de:

1. discutir o processo da estratégia em marketing;
2. identificar fatores de influência no comportamento do consumidor;
3. compreender o contexto histórico do marketing.

O marketing é uma ciência baseada na identificação, interpretação e satisfação de anseios do mercado. Seu objetivo fundamental é atender às necessidades identificadas, ou seja, é mais do que simplesmente "vender". Trata-se de uma filosofia de gestão que tem como principal responsabilidade o aumento dos lucros da empresa.

O **marketing** é uma atividade econômica que, estrategicamente, deve ser vista como a **busca pela vantagem competitiva sustentável**. Mas os desafios enfrentados atualmente pelas empresas envolvem o reposicionamento destas diante dos apelos das novas gerações de consumidores (Kotler, 2004).

Para um melhor entendimento do conceito de marketing, podemos afirmar que este se refere aos processos de desenvolvimento, produção, precificação, promoção e distribuição de produtos e serviços que satisfaçam às necessidades de pessoas e organizações (Vavra, 1993). Mas criar e introduzir novos benefícios e conveniências ao consumidor também deve ser foco do *mix* de marketing.

Assim, o composto de marketing (ou **4 Ps**) é a combinação de variáveis controláveis (**produto**, **preço**, **ponto de venda** e **promoção**), das quais as empresas se utilizam para atingir seus objetivos nos mercados-alvo. A administração do composto de marketing deve ser encarada como a elaboração de estratégias com foco no cliente (Kotler, 1998, p. 37). Acrescentemos que o marketing deve ter mais duas preocupações fundamentais, que também incluímos entre os **Ps** de marketing.

Alguns estudiosos afirmam que o *mix* é formado, na verdade, por 5 **Ps**. O quinto **P** é o de **pessoas**, que se divide em público interno (funcionários, fornecedores) e público externo (o cliente). Isso compreende estratégias definidas para criar relacionamento com esses públicos em busca da fidelização do cliente e do comprometimento dos colaboradores e fornecedores.

Mas não podemos nos esquecer de um **P** essencial a todo o *mix*, que é o de **pesquisa**, a busca das informações necessárias para a tomada de decisão que envolvem todo o composto mercadológico.

Figura 2 – Os 6 Ps do marketing

A base de todo processo de marketing está na pesquisa de mercado. Desse modo, para dar início ao desenvolvimento de qualquer estratégia de sucesso, é essencial que a empresa desenvolva a capacidade de conhecer e monitorar o seu mercado.

A **pesquisa de marketing** busca a obtenção de dados de forma empírica, sistemática e objetiva para a solução de problemas ou a avaliação de oportunidades específicas relacionadas ao marketing (Samara; Barros, 2001). Sem esse instrumento, não há meios de se tomar qualquer tipo de decisão estratégica sem se incorrer em riscos. Portanto, essa é a base de todo processo decisório.

Vejamos agora os outros 5 Ps do marketing.

» O **P** de **pessoas** envolve a concepção de que as empresas devem pensar em seus públicos: interno e externo. A vantagem competitiva obtida por meio das pessoas passa a ser um diferencial. O investimento em informações e no relacionamento com seus clientes vem sendo encarado por um número cada vez maior de empresas como necessário para que estas obtenham vantagem competitiva perante os concorrentes (Churchill Junior; Peter, 2000; Kotler, 2000). O **conhecimento** acerca de sua clientela é a chave para o marketing: o que as pessoas percebem, precisam e esperam hoje e no futuro. O **público externo**, formado pelos **clientes** (consumidores), é o foco principal de qualquer organização e deve sempre ser a base de qualquer decisão em marketing. Em relação ao **público interno**, é preciso haver o entendimento de que os principais clientes das organizações **são seus próprios funcionários**. As empresas devem manter os colaboradores informados sobre suas filosofias, suas políticas e seus objetivos empresariais. É preciso integrá-los por meio de programas e dinâmicas relações de parcerias para buscar seu comprometimento com a organização. A consequência desse esforço reflete diretamente na satisfação do cliente.

» O **P** de **produto** inclui as decisões estratégicas em relação aos atributos físicos do produto. O projeto da embalagem e da marca, as garantias, o ciclo de vida previsto, o rótulo, entre outros detalhes, são parte de seu planejamento. O produto precisa ser desenvolvido de maneira a se relacionar com a satisfação das necessidades do consumidor (Kotler, 2000; Churchill Junior; Peter, 2000).

» O **P** de **preço** é uma das principais estratégias mercadológicas. Ele faz parte do processo de posicionamento da empresa e deve ser estabelecido de maneira a proporcionar lucro, mas de maneira que seja justificável para o consumidor e competitivo com os produtos similares dos concorrentes (Churchill Junior; Peter, 2000; Kotler, 2000).

» O **P** de **ponto** envolve uma série de atividades, que vão desde os aspectos físicos relativos à vitrine, ao *layout*, à fachada, até à seleção dos canais de distribuição apropriados. Esses canais podem incluir atacadistas, varejistas, distribuidores, representantes comerciais e outros. Essencialmente, essa fase do composto de marketing é considerada como aquela que engloba todos os intermediários, não importando como estes sejam definidos. O importante é que o produto esteja à disposição do consumidor no ponto de venda a qualquer momento e que a estratégia adotada se constitua na de menor custo para a empresa (Churchill Junior; Peter, 2000; Kotler, 1998, 2000). Podemos dividir o **P** de **ponto** em três áreas: a localização (praça), suas instalações, como visual, fachada etc. (ponto), e sua distribuição (logística, distribuição, estoque etc.).

» O **P** de **promoção**, que vamos chamar de *comunicação integrada*, inclui todo o esforço da empresa em se comunicar com seu cliente. Propaganda, venda pessoal, promoção de vendas, publicidade, *merchandising*, marketing direto, força de vendas, relações públicas – todos os métodos usados, quaisquer que sejam, devem ser cuidadosamente estudados. Se não houver a correta percepção do cliente, a empresa poderá desperdiçar recursos (Churchill Junior; Peter, 2000; Kotler, 2000).

Todas essas decisões reunidas criam valor superior para o cliente numa perspectiva de longo prazo. Alcançar um alto desempenho num curto prazo de tempo não significa que está definida uma posição competitiva defensável. O segredo está no conhecimento profundo do mercado e na constante aprendizagem para melhorias no valor para o cliente.

Assim, o marketing deve buscar, por meio de um planejamento estratégico, atingir os seguintes objetivos (Churchill Junior; Peter, 2000):
- » criar na empresa a visão focada no cliente;
- » orientar a empresa para o mercado;
- » manter a empresa informada sobre as mudanças em seus ambientes competitivos;
- » posicionar a empresa no mercado;
- » criar uma identidade empresarial;
- » criar valor para o cliente;
- » incentivar seus clientes internos a se comprometerem com a empresa.

O planejamento estratégico de marketing coloca a empresa em sintonia com seus ambientes de atuação. Assim, é possível adaptá-la às mudanças de mercado, aproveitando oportunidades e anulando as ameaças que possam colocar em perigo a estratégia.

Marketing estratégico

A **inovação** é uma das portas para a **vantagem competitiva**. Nesse contexto, o **marketing estratégico** surge como um **processo de criação de vantagem competitiva sustentável**.

Inovar é fazer algo diferente daquilo que já existe ou de uma forma diferente daquela que já existe.

E se uma **inovação é** (OCDE, 2004):
- » implementação de um produto ou serviço novo ou melhorado de forma significativa;
- » um processo;
- » encontrar novos mercados; ou
- » um novo modelo de gestão organizacional,

então podemos afirmar que o marketing é responsável por, pelo menos, metade da estratégia de inovação das empresas.

A crise das empresas é consequência da falta de estratégia. As empresas se aperfeiçoam muito rápido, são crescentemente produtivas e realizam suas atividades de maneiras cada vez mais eficazes, aumentando a qualidade de produtos e serviços. Portanto, uma empresa que não tenha estratégia perecerá no mercado (Kotler, 1998, p. 37).

As estratégias empresariais são definidas com base na identificação de oportunidades. As empresas devem ser capazes de reconhecê-las. Para tanto, o plano de marketing, que se dá em nível tático, deve nortear a empresa em seus objetivos mercadológicos (Kotler, 1998). Inicialmente, determinamos as necessidades e os desejos do mercado-alvo, a fim de proporcionar a satisfação desejada de forma mais eficiente que os concorrentes. Podemos verificar a constituição desse plano pela análise no quadro a seguir.

Quadro 1 – Níveis de planejamento

Planejamento estratégico	Nível de direção – longo prazo
	Missão
	Visão
	Políticas
	Objetivos organizacionais
	Estratégias
Planejamento tático	Nível de departamento – médio prazo
	Objetivos
	Estratégias
	Metas
Planejamento operacional	Unidades operacionais individuais – curto prazo
	Metas
	Execução

Fonte: Adaptado de Kotler, 2004.

O planejamento estratégico define os objetivos empresariais em todas as áreas. Estes se tornam metas para os departamentos, que elaboram o planejamento em nível tático (gerentes, supervisores). Essas metas determinam o plano de ação, executado pelo nível operacional.

O conceito de marketing, segundo Kotler (1998), mostra que a chave para atingir as metas organizacionais consiste em "ser mais eficaz do que os concorrentes para integrar as atividades de marketing, satisfazendo, assim, as necessidades e desejos dos mercados-alvo".

> Desse modo, **o conceito de marketing se fundamenta em quatro pilares** (Kotler, 1998):
>
> » **Mercado-alvo** – nenhuma empresa consegue atender a todos os mercados. Devido ao grande número de consumidores, ao porte da empresa ou às especificações dos produtos, é necessária uma definição cuidadosa de mercados-alvo.
>
> » **Necessidades dos consumidores** – é preciso conhecer as necessidades dos consumidores melhor do que seu concorrente. Caso contrário, o consumidor escolherá o produto rival em detrimento do oferecido pela sua empresa.
>
> » **Marketing integrado** – todos os departamentos trabalham em conjunto para atender aos interesses do consumidor, ou seja, deve haver o conhecimento de todos sobre as filosofias de marketing.
>
> » **Rentabilidade** – o objetivo maior do conceito de marketing é ajudar as organizações a atingirem suas metas, a aumentarem a lucratividade. De posse de todas as informações anteriores, a empresa será capaz de aumentar suas vendas.

De acordo com Stanton (1980), com o passar dos anos a administração está diariamente oferecendo novos desafios ao mundo dos negócios e, de uma forma geral, ao marketing. Dickson (2004) afirma que, basicamente, o marketing surgiu com a conflagração econômica, na qual os principais participantes são a especialização do trabalho e a satisfação de consumo. Apoiando-se na American Marketing Association (AMA), Stanton (1980, p. 4) comenta que o conceito de marketing se refere à "execução de atividades comerciais que dirigem o fluxo de mercadorias e serviços do produtor ao consumidor/usuário". Esse conceito se baseia nas definições do marketing moderno, e o autor afirma, ainda, que o primeiro elemento a ser examinado não é a produção, mas sim o marketing, precedendo mesmo a mercadoria.

Os conceitos de marketing buscam sempre se adequar às peculiaridades do ambiente socioeconômico e cultural, em constantes e rápidas modificações, posicionando-o como principal força na criação de mercados e de oportunidades para as empresas.

Marketing é uma palavra derivada de *market*, que significa "mercado" no idioma inglês. Isso nos leva à conclusão de que, para conhecer o mercado, é preciso conhecer os consumidores. O conhecimento dos clientes resulta em produtos e serviços que satisfaçam a desejos, necessidades e demandas. Para tanto, uma empresa precisa não só de promoções, mas de pesquisas e sistemas de informações (Kotler, 2000; Samara; Barros, 2001).

Vimos que para o desenvolvimento das estratégias mercadológicas (produto, preço, ponto, promoção e pessoas, sempre com base na pesquisa de marketing) é indispensável o pensamento orientado para o consumidor. Mas como este se comporta? É isso o que iremos analisar no próximo item.

Comportamento do consumidor

Comentamos anteriormente que o grande diferencial competitivo de uma empresa está em criar valor para o consumidor. Mas para que isso aconteça, a empresa deve conhecer esse consumidor, o que ele espera e como se comporta, para que a organização possa, então, buscar atender aos desejos e às necessidades desse cliente. Estudar o comportamento do consumidor é entender seus pensamentos e suas ações, bem como as influências que ele sofre na hora da decisão de compra.

Do ponto de vista mercadológico, é preciso compreender que **existem três tipos de decisão de compra**, conforme colocam Churchill Junior e Peter (2000). Vejamos:

> » **Decisão rotineira ou habitual** – o consumidor está disposto a gastar o menor tempo possível na compra de produtos simples, baratos e conhecidos.
> » **Decisão limitada** – o consumidor quer investir pouco tempo na compra de produtos em que ele se envolve um pouco mais.
> » **Decisão extensiva ou complexa** – existe uma demanda maior de investimento de tempo e envolvimento do consumidor.

Agora, vamos entender como ocorre o processo de decisão de compra para que possamos correlacioná-lo aos tipos de decisão. Observe a figura a seguir.

Figura 3 – Processo de decisão de compra

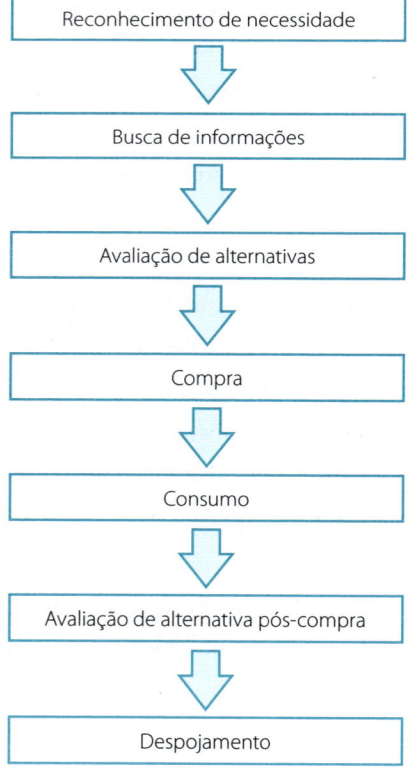

Como podemos observar na figura anteriormente demonstrada, o processo de decisão de compra tem por base as fases de reconhecimento da necessidade, busca de informações, avaliação de alternativas, compra, consumo, avaliação de alternativa pós-compra e despojamento, fatores que examinaremos a seguir (Engel; Blackwell; Miniard, 2000).

a. **Reconhecimento da necessidade**: nessa fase, a necessidade impulsiona o indivíduo ao desejo de compra. É ela que o motiva e é por isso que a empresa deve estudar o que leva o consumidor a comprar determinado produto. A motivação gera um desejo que vai impulsionar o consumidor à próxima etapa.

b. **Busca de informações**: aqui o consumidor busca informações sobre o que irá comprar. Ele passa a identificar as várias marcas de produtos existentes que poderiam satisfazer às suas necessidades. Podemos entender o porquê da importância de a empresa ser conhecida no mercado.

c. **Avaliação de alternativas**: com base nas informações obtidas, o consumidor avalia as alternativas e decide a compra. Nessa fase, as marcas são comparadas.

d. **Compra**: o consumidor decide pela compra e também quando, onde e como vai pagar.

e. **Consumo**: após a compra, o consumidor vai experimentar, consumir o produto comprado.

f. **Avaliação/comportamento pós-compra**: nessa etapa, o consumidor avalia o resultado da compra. Se a avaliação for positiva, ele poderá desenvolver a fidelidade à marca e passará a influenciar pessoas de seu meio.

g. **Despojamento**: essa fase se dá quando o consumidor tem as opções de descarte, reciclagem ou mesmo venda do produto no mercado de usados.

Ressaltamos que são vários os fatores que podem influenciar esse processo de decisão.

> Esses fatores, segundo Kotler (2004), podem ser assim divididos:
> » **Fatores culturais** – cultura, subcultura e classe social. A cultura é a principal determinante do comportamento do indivíduo. Ela é composta por valores, percepções, preferências, valores familiares e de outras instituições das quais uma pessoa possa participar, como igrejas e clubes, entre outras. A subcultura é mais específica e se forma por determinação da nacionalidade, da religião, dos grupos raciais e das regiões geográficas. A classe social determina a renda, a ocupação e o grau de instrução. Esses fatores fazem com que pessoas de diferentes classes sociais sejam diferentes em relação a vestuário, padrões de linguagem, preferências de atividades de lazer etc.
> » **Fatores sociais** – grupos de referência, família, papéis e posições sociais. Os grupos de referência exercem forte influência sobre o comportamento de um indivíduo, principalmente em relação à escolha de marca. Fazem parte desses grupos a família, os amigos, grupos religiosos, vizinhos, colegas de trabalho, clubes, associações de classe.
> » **Fatores pessoais** – idade, ocupação, condições econômicas, estilo de vida, personalidade. A idade tem forte influência no comportamento de consumo, já que este é moldado de acordo com o estágio do ciclo de vida em que se encontra o indivíduo – solteiro, casado, divorciado, solitário, aposentado. As pessoas também têm estilos de vida, interesses e personalidades diversas.
> » **Fatores psicológicos** – motivação, percepção, aprendizagem, crenças e atitudes. Esses fatores podem ser mais bem compreendidos no estudo específico do comportamento do consumidor.

Churchill Junior e Peter (2000) complementam o pensamento de Kotler ao acrescentarem as influências de marketing sobre o processo de decisão.

Quantos são os produtos lançados que não nasceram de nossas necessidades, mas que, depois de estarem no mercado, uma forte estratégia de comunicação nos levou a consumi-los?

Como exemplo, temos o telefone celular, que, além da necessidade de comunicação, leva-nos a desejar aparelhos com jogos, câmeras, *e-mail*, música etc. E a moda, que faz as mulheres lotarem seus guarda-roupas com sapatos, calças e tantas outras coisas das quais realmente não necessitavam? Assim, conhecendo o consumidor e os fatores determinantes de seu comportamento, a empresa se torna capaz de planejar seu *mix* de marketing.

> Entretanto, mesmo com todos esses conceitos, sempre fica a pergunta: **Na prática, o que é o marketing?**

Podemos afirmar que, na prática, o marketing pode ser chamado de *estratégia*. Marketing envolve a empresa conhecer seus clientes, posicionar-se na cabeça do consumidor, desenvolver e aprimorar produtos que têm mercado, distribuir esses produtos de maneira rápida, a baixo custo, de maneira a estar sempre ao alcance do consumidor. Marketing também é saber precificar produtos, tomando por base concorrência e valores agregados, e depois saber promovê-los adequadamente (Czinkota, 2001; Las Casas, 1997a, 1997b; Kotler, 2000; Berkowitz et al., 2000).

Marketing é o monitoramento de mercado e o acompanhamento de sua evolução, é entender o que se passa na cabeça do consumidor, é ser flexível, não resistir às mudanças e não ter medo de inovar, é saber que a empresa também tem um público composto por seus funcionários e que qualquer fator externo ou interno pode interferir diretamente na competitividade da empresa. Marketing é, pois, o acompanhamento da concorrência, das inovações e, principalmente, o entendimento de que a empresa não é um agente isolado e que qualquer fato que aconteça no bairro, na cidade, na região, no país e até no mundo pode afetar de alguma maneira suas decisões (Czinkota, 2001; Las Casas, 1997a, 1997b; Kotler, 2000; Berkowitz et al., 2000).

Lambin (2000) explica também que o marketing, além de estratégico, é operacional. É estratégico quando estuda mercados, identifica segmentos, quando analisa o nível de competitividade e elabora uma estratégia de posicionamento. É operacional quando define objetivos, desenvolve táticas, orçamentos e controles das estratégias do composto mercadológico.

Marketing é a criação contínua de valor para o cliente por meio do produto, do preço, da comunicação e da distribuição. A administração de marketing trata justamente da gestão das estratégias mercadológicas. Vamos examinar a história desse processo na próxima seção.

História do marketing

A história do marketing está amarrada à história e à evolução da humanidade. O modo de produção da civilização ocidental mudou e, com isso, o marketing sofreu – e ainda sofre – transformações rápidas.

Com o nascimento do capitalismo no século XV, começaram a surgir empresas favorecidas pelo aumento da população e pela descoberta de novos mercados e novas tecnologias para a melhoria dos processos produtivos. O fortalecimento do capitalismo se baseou na busca da expansão do mercantilismo. Assim, foram descobertos mercados em outros países, o que produziu uma quantidade cada vez maior de bens. Para atender a esse crescimento, entraram em cena os intermediários, os varejistas e os atacadistas (Maximiano, 2007).

No final do século XVII e durante o século XVIII, o mundo assistiu à Revolução Industrial. A preocupação central era a produção massiva de produtos não diferenciados e a indústria que oferecesse o menor preço obtinha vantagem sobre as outras. A ênfase era dada aos processos de produção e à redução de custos e o cliente praticamente não tinha qualquer poder de negociação. Carvalho (2002) explica que, com a demanda maior que a oferta, essa era a concepção de marketing da época.

O lançamento do livro *A riqueza das nações*, de Adam Smith, publicado em 1776, na Inglaterra, contribuiu decisivamente para a aceleração do desenvolvimento do comércio livre. Segundo as ideias de Smith (2003), o mercado deveria ser regido por uma "mão invisível", ou seja, sem a interferência do governo na economia, pois isso gerava grandes problemas macroeconômicos, como a inflação e as crises cambiais. Essa independência tornaria os países mais fortes. A teoria de Adam Smith deu origem a inúmeros "tratados comerciais" que obrigaram países a eliminarem suas barreiras comerciais. Essa queda nas barreiras permitiu o livre acesso tanto das mercadorias quanto dos capitais europeus, fazendo com que os países signatários se especializassem na exportação de matérias primas, que foi a base para a industrialização europeia (Smith, 2003).

Na virada do século XIX, a Europa se firmou como potência comercial, com o surgimento de novas e importantes indústrias em múltiplos segmentos. Nessa época – chamada de *era da produção* –, até meados de 1925, não havia muita preocupação com vendas e estudo de mercados, pois tudo o que era produzido era vendido. O marketing não existia. Indústrias e proprietários produziam independentemente das necessidades ou das opiniões daqueles que consumiam os produtos. Tal postura foi possível em função de haver um ambiente competitivo com oportunidades de crescimento, demanda crescente e escassez de produtos. A cada novo problema na produção, uma nova invenção era exigida. Novas tecnologias não paravam de surgir e a Revolução Industrial concentrou os trabalhadores em fábricas e deu origem ao crescimento urbano (Maximiano, 2007).

No final do século XIX e início do século XX, os estudos de Frederick Taylor (1856-1915), considerado o "pai da administração", redesenharam os processos de trabalho. O crescimento acelerado e desorganizado das empresas ocasionava problemas, como baixo rendimento das máquinas, perdas, desperdício e funcionários insatisfeitos que atrapalhavam a eficiência necessária para o aumento da produção, entre outros. Imaginem uma sociedade agrícola e de artesãos, assistindo à substituição das ferramentas pelas máquinas e da produção doméstica pela fabril (Maximiano, 2007). Esse era o contexto da época.

Taylor iniciou seus estudos pelo trabalho do operário e depois passou para a administração geral. Surgiram a produção em larga escala, a divisão de trabalho, as máquinas, os homens treinados e as inovações. O objetivo era o aumento radical da produtividade industrial. Quantidades cada vez maiores de bens podiam ser produzidas e transportadas aos novos pontos de venda a custos unitários cada vez menores.

Ainda nas primeiras décadas do século XX, o foco deixou de ser a produção e passou a se concentrar nos produtos fabricados pelas empresas (Rocha; Christensen, 1999). O entendimento era de que produtos de qualidade e preços acessíveis atrairiam compradores, supervalorizando o produto. Continuavam prevalecendo os interesses das organizações na relação de troca com os clientes.

Após a Segunda Guerra Mundial (1939-1945), principalmente nos Estados Unidos da América do Norte, começou um crescimento vertiginoso das populações devido à volta dos soldados para suas casas e à necessidade de produtos para a reconstrução dos países devastados. Aqui, surgiu com mais força a figura dos concorrentes, em razão da grande demanda por produtos. Começou, então, a preocupação com o cliente (Drucker, 1998, 2000).

> Segundo informações de autores/estudiosos que se dedicam a estudar a vida e as obras de Peter Drucker.

Em 1954, **Peter Drucker** citou o marketing pela primeira vez como uma força poderosa a ser considerada pelos administradores. Em 1960, Theodore Levitt, em seu clássico artigo *Miopia em marketing*, mostrou a importância da satisfação dos clientes e transformou para sempre a compreensão sobre o mundo dos negócios (Levitt, 1986). A ideia de vender a qualquer custo cedeu lugar à de oferecer satisfação garantida. O mundo do marketing começou a produzir artigos e pesquisas científicas. O "achismo" passou a ser substituído

> Essa obra, hoje, já ultrapassou sua 12ª edição.

pelo estudo real do mercado. Em 1967, **Philip Kotler** lançou a primeira edição de seu livro *Administração de marketing*, obra com a qual consolidou as bases desse campo de estudo.

No Brasil, os primeiros contatos com esse conceito ocorreram na década de 1960, mas só se fortaleceram nos anos de 1990, após a abertura do país ao mercado internacional durante o governo Fernando Collor de Mello (1990-1992).

O marketing no Brasil

O Brasil só entrou no mundo do marketing a partir da década de 1960. Até então, as empresas que se instalavam no país visavam atender ao consumo interno. Estas eram altamente subsidiadas pelo governo, com financiamentos ou contratos, ou então protegidas da competição estrangeira, o que determinava a imposição ao consumidor de produtos e preços, não havendo motivos para que as empresas investissem em eficiência (Carvalho, 2002).

No governo de Juscelino Kubitschek de Oliveira (1956-1961), o Brasil começou a se transformar em um país de economia industrial. As empresas internacionais que desejassem se instalar aqui ganhavam incentivos e, a partir de 1964, a nova política econômica nacional atraiu grandes empresas alemãs, japonesas, canadenses, inglesas e norte-americanas, tornando o mercado nacional cada vez mais complexo e competitivo (Carvalho, 2002).

A partir de 1994, com a implantação de uma nova política monetária – que equiparou a moeda nacional ao Dólar americano e substituiu o Cruzeiro pelo Real –, os padrões de comportamento do mercado consumidor mudaram. Essas mudanças trouxeram o desafio da modernização de estruturas de produção e da reestruturação dos processos de gestão. Inovação tecnológica e competição passaram a ter importância estratégica e se tornaram os fatores determinantes da competitividade.

O Brasil assistiu a uma onda de fusões, aquisições, falências e novas oportunidades de negócios. Nesse contexto, o marketing ganhou força e se instalou definitivamente no mundo empresarial. Apesar de todos esses fatores, ainda hoje é grande o número de empresas que confunde "marketing" com "propaganda" ou "vendas", ou o considera como um departamento gerador de custos, e não de investimentos.

Estudo de caso

Em uma pequena e quente cidade do interior vivia Seu Joaquim. À beira da única estrada que dava acesso ao centro, ele vendia caldo de cana. Ele não tinha rádio ou TV, nem lia jornais ou revistas, mas produzia e vendia um ótimo e gelado caldo de cana. Com limão, abacaxi, tamanhos pequeno, médio ou grande, Seu Joaquim se preocupava em divulgar seu negócio. Colocava cartazes pela estrada e pelas ruas, fazia promoções em voz alta, tinha uma pequena agenda com o dia do aniversário da maioria dos seus clientes, até mesmo daqueles que vinham de fora do município. As vendas aumentavam e, cada vez mais, ele comprava a melhor cana, o melhor abacaxi, o melhor limão, os melhores copos. Foi necessário também adquirir uma máquina maior para atender à quantidade de fregueses e até contratar um funcionário para ajudá-lo, para quem ele pagava comissão. Investiu na limpeza do lugar, pois também se preocupava com a saúde e com o bem-estar dos clientes.

O negócio prosperou e vinha gente de toda a região para tomar o melhor e mais saudável caldo de cana! Vencedor em sua profissão, conseguiu que seu filho fosse estudar administração em uma das melhores faculdades do país.

Quando o filho se formou, ele voltou para casa e, analisando o negócio do pai, teve uma séria conversa com ele:

— Pai, há uma grande crise no mundo. As coisas andam difíceis e você tem custos muito altos em seu negócio. Vai acabar quebrando.

Ouvindo o filho que acabara de se formar, Seu Joaquim decidiu que o rapaz estava com a razão. Era necessário fazer cortes. Com medo da crise, procurou um fornecedor de frutas mais barato. Cortou a comissão do funcionário – que acabou por pedir demissão – e começou a reduzir os gastos com a limpeza da máquina. Sem funcionário, o local já não ficava mais tão limpo quanto era antes. Sozinho, atrapalhava-se com os pedidos e não tinha tempo nem motivação para fazer os cartazes de promoção. As vendas começaram a cair... Caíram tanto que o negócio fechou...

Um dia, sentado à mesa de jantar, olhou para seu filho e disse:

— Você realmente estava certo. Nós estamos em meio a uma grande crise...

Com base no caso exposto, procure responder às seguintes questões:

1. De acordo com o que foi estudado, você acredita que a pequena empresa do pai praticava marketing? Justifique sua resposta.
2. A empresa de caldo de cana conhecia seus consumidores? Por quê?
3. Marketing é a criação contínua de valor para o cliente por meio do produto, do preço, da comunicação e da distribuição. De que maneira essa afirmação pode ser exemplificada pela empresa de caldo de cana?
4. Por que a informação é importante para o negócio do pai ou de qualquer outra empresa que queira se manter no mercado?
5. Onde o pai errou, tomando-se por base os conceitos do *mix* mercadológico?

Síntese

As empresas orientadas para o marketing procuram conhecer o que seus clientes desejam para oferecer a eles exatamente o que querem e de forma melhor do que seus concorrentes. Se esses desejos mudam, as empresas devem mudar também. Elas precisam estar abertas a novas ideias e fazer da inovação sua filosofia de trabalho. A vantagem competitiva está na criação e na renovação de diferenciais que coloquem a empresa em vantagem em relação a seu ambiente competitivo.

Questões para **revisão**

1. "*Commodities* não existem; todos os produtos e serviços são diferenciáveis – tudo depende da gestão de marketing da empresa" (Levitt, citado por HSM Online, 2003). Justifique essa afirmativa.
2. O que é o planejamento estratégico de marketing e por que ele é considerado um processo?
3. A Iluminada é uma empresa que produz luminárias. Ela atende a clientes individuais, vendendo desde luminárias para classes populares até produtos de luxo. A respeito das ofertas da empresa ao mercado, analise as afirmativas a seguir.

> As questões 3, 4 e 5 foram adaptadas com base na prova da disciplina de Administração do Exame Nacional de Desempenho de Estudantes (Enade) de 2006 (Brasil, 2006).

> Ao adotar segmentação de mercado, a empresa pode fixar preços diferenciados de acordo com os segmentos considerados.

> Isso ocorre porque as características dos clientes em cada segmento de mercado afetam o valor que eles percebem para os produtos da empresa.

Analisando essas duas afirmações, concluímos que:

a. as duas afirmações são verdadeiras e a segunda justifica a primeira.
b. as duas afirmações são verdadeiras e a segunda não justifica a primeira.
c. a primeira afirmação é verdadeira e a segunda é falsa.
d. a primeira afirmação é falsa e a segunda é verdadeira.
e. as duas afirmações são falsas.

4. Jeremias trabalha como diretor de marketing da Pé no Chão, empresa que produz sandálias de couro. A empresa nunca desenvolveu uma marca de produtor, comercializando seus produtos – no Brasil e no exterior – por intermédio de varejistas, que os vendem com suas próprias marcas. Jeremias tem tentado convencer os donos da empresa a desenvolver uma marca de produtor, com a qual eles poderiam vender os produtos. O que o uso de uma marca de produtor permitiria à empresa Pé no Chão?

a. Vender seus produtos por intermédio de distribuidores exclusivos, o que garantiria maiores margens de lucro.
b. Proteger-se em caso de flutuações na demanda.
c. Construir uma imagem junto ao seu público-alvo.
d. Posicionar melhor o produto como de alta qualidade, combinando uma marca de produtor com preço popular.
e. Segmentar o mercado demograficamente, o que não seria possível com marcas próprias de varejistas.

5. Muitas empresas brasileiras têm tentado exportar os seus produtos. No entanto, a exportação pode requerer que estes sejam adaptados. Sobre isso, analise as afirmativas a seguir.

   › Produtos importados sempre devem ser analisados à luz da cultura local.
   › Isso ocorre porque a decisão de compra é influenciada, entre outros fatores, pelo nível de conhecimento do consumidor a respeito do produto que compra.

   Analisando as afirmações anteriores, concluímos que:
   a. as duas afirmações são verdadeiras e a segunda justifica a primeira.
   b. as duas afirmações são verdadeiras e a segunda não justifica a primeira.
   c. a primeira afirmação é verdadeira e a segunda é falsa.
   d. a primeira afirmação é falsa e a segunda é verdadeira.
   e. as duas afirmações são falsas.

Para saber mais

Para entender melhor por que as empresas possuem uma visão curta do mercado e das oportunidades que este lhes impõe, sugerimos a leitura de:
LEVITT, T. *A imaginação de marketing*. 2. ed. São Paulo: Atlas, 1990.

Os leitores interessados em aprofundar seus conhecimentos sobre a Revolução Industrial e suas consequências em nossa economia atual, podem consultar as seguintes obras:
MAXIMIANO, A. C. A. *Teoria geral da administração*: da ciência à competitividade da economia globalizada. São Paulo: Atlas, 2000.
SMITH, A. *A riqueza das nações*. São Paulo: M. Fontes, 2003.

capítulo 3
o planejamento estratégico de marketing

Conteúdos do capítulo

» Planejamento de marketing.
» Ambientes de marketing.
» Matrizes de diagnóstico.

Após o estudo desse capítulo, você será capaz de:

1. compreender o planejamento de marketing;
2. analisar ambientes de marketing;
3. elaborar diagnósticos dos ambientes da empresa.

O planejamento é o primeiro passo a ser dado pela empresa antes de agir, decidindo-se sobre **o que fazer** e **como fazer**, antes de realmente fazê-lo. O trabalho de planejamento estratégico de marketing tem por objetivo avaliar todo o composto mercadológico, oferecendo alternativas de negócios e ações para atuação no mercado.

A empresa que não planeja se assemelha à Alice, aquela personagem do livro *Alice no País das Maravilhas*, de Lewis Carroll (2001). Lembramos aqui uma passagem do livro que a maioria dos professores da disciplina de Planejamento conta a seus alunos. Em determinado momento da história, perdida em um mundo que não é seu, Alice encontra o gato de Cheshire e lhe pergunta que caminho tomar para sair dali. O gato lhe responde que depende do caminho para o qual ela quer ir. Alice replica que não se importa com o lugar, desde que consiga sair dali. Então o gato responde: "Nesse caso não importa por onde você vá".

O planejamento de marketing visa avaliar em que momento a empresa se encontra e também busca traçar caminhos, considerando-se todas as possíveis influências que possam alterá-los.

A empresa e o marketing

Como já comentamos, o planejamento estratégico envolve todas as funções da empresa. O planejamento de marketing não é diferente, mas nem sempre esse trabalho interfuncional acontece. Churchill Junior e Peter (2000) explicam, no quadro que mostramos a seguir, os conflitos mais comuns entre o marketing e as outras áreas funcionais.

Quadro 2 – Conflitos entre o marketing e as outras áreas funcionais

Funções	O que podem oferecer?	O que os profissionais de marketing querem que elas ofereçam?
Pesquisa e desenvolvimento	Projetos básicos de pesquisa. Características de produtos. Poucos projetos.	Produtos que criem valor para o cliente. Benefícios para o cliente. Muitos produtos novos.
Produção	Longos períodos de produção. Produtos padronizados. Nenhuma mudança nos modelos. Longo tempo de espera. Pedidos padronizados. Nenhum produto novo.	Curtos períodos de produção. Produtos personalizados. Mudanças frequentes nos modelos.
Finanças	Orçamentos rígidos. Orçamentos baseados em retorno sobre os investimentos. Baixas comissões sobre as vendas.	Orçamentos flexíveis. Orçamentos baseados na necessidade de aumentar as vendas. Altas comissões sobre vendas.
Contabilidade	Faturas padronizadas. Condições de pagamento rígidas. Rígidos padrões de crédito.	Faturas personalizadas. Condições de pagamento flexíveis. Padrões de crédito flexíveis.
Recursos humanos	Funcionários passíveis de treinamento. Baixos salários.	Funcionários capacitados. Altos salários.

Fonte: Churchill Junior; Peter, 2000, p. 12.

O primeiro passo para a implantação de um plano de marketing é conhecer a empresa (Oliveira, 1999). Uma análise (diagnóstico) da atual situação da organização deve ser realizada para propiciar uma visão daquilo que ela é e em que situação se encontra. Quando nós vamos ao médico, por exemplo, este nos faz dezenas de perguntas e solicita exames a fim de oferecer o diagnóstico dos sintomas. Depois disso, receita os remédios.

No marketing acontece algo semelhante. A **análise ambiental** consiste em descobrir quem é a empresa, o que ela tem, qual a sua "doença" e, depois, remediá-la por meio de estratégias mercadológicas.

A análise ambiental é um processo de identificação dos fatores internos e externos que podem afetar o sucesso de marketing. Ou seja, é a avaliação, a interpretação e a distribuição de informação sobre os elementos ambientais para todos os empregados da organização. Nesse processo, são examinados os efeitos que o marketing tem sobre fatores que estão do lado de fora da organização: fatores sociais, políticos, econômicos, competitivos e de tecnologia. Essa análise também deve avaliar a influência de empregados e de fatores que se encontram dentro da empresa, assim como efeitos do ambiente global (Churchill Junior; Peter, 2000).

Os fatores internos são os pontos fortes e fracos de uma empresa, que, por sua vez, podem determinar seu sucesso ou fracasso. São elementos como clima organizacional, estratégia de marketing utilizada, comunicação interna, imagem da empresa, tecnologia, empregados, acionistas e parceiros (Nickels; Wood, 1999).

As empresas bem-sucedidas têm conhecimento dos ambientes interno e externo de seus negócios. Elas reconhecem que o ambiente de marketing está constantemente apresentando novas oportunidades e ameaças, bem como compreendem a importância de continuamente monitorar o ambiente e se adaptar a ele (Kotler, 2000, p. 158).

Na fase de diagnóstico, uma série de perguntas deve ser respondida e avaliada quando da análise da situação atual da empresa. Vejamos algumas possibilidades a seguir (Samara; Barros, 2001). Outros exemplos são apresentados no Anexo, ao final da obra.

- Os atuais produtos ou serviços da empresa satisfazem às necessidades dos consumidores?
- Qual é a participação de mercado da empresa (*market share*)?
- São realizadas pesquisas de mercado regularmente?
- A empresa está atenta às atividades dos concorrentes?
- A promoção dos produtos é feita de maneira eficaz, buscando conquistar o maior retorno possível sobre seus investimentos em promoção, propaganda e relações públicas?
- Existe um planejamento de marketing detalhado?
- Há um acompanhamento do crescimento das vendas?
- Qual é a posição da empresa em relação aos concorrentes?
- A empresa cadastra todos os clientes e analisa os dados destes?
- Os funcionários estão motivados e comprometidos?
- A empresa conhece seus fornecedores e se relaciona com eles?

São muitas as questões a serem respondidas para que a empresa possa desenvolver um *mix* mercadológico de maneira a torná-la competitiva. A resposta a essas perguntas mapeia e indica forças e fraquezas da organização, além de identificar ameaças e oportunidades de negócios. O processo de planejamento permite à empresa obter conhecimentos importantes para o desenvolvimento dessa estratégia. A análise do ambiente de negócios pode identificar tendências de mercado que servirão de base para a construção de um *mix* mercadológico que responda às necessidades da empresa de maneira efetiva.

Ambiente externo: as variáveis incontroláveis

As empresas recebem fortes influências do **ambiente externo** que podem trazer impactos diretos em seus negócios, representando oportunidades ou ameaças. Essas variáveis são a economia, a política, as leis, a sociedade, a cultura, a demografia, a tecnologia, as ações dos concorrentes e as alterações no comportamento dos consumidores, que cada vez mais pedem por produtos de maior qualidade e preços mais justos, entre outros fatores. A seguir, vamos conhecê-los melhor (Kotler, 2000, 2004).

> » **Ambiente demográfico**: os mercados são compostos por pessoas. Portanto, características da população devem ser analisadas (tamanho e taxa de crescimento populacional, faixas etárias e composição étnica, níveis de instrução, padrões domiciliares, características regionais, índice de natalidade, envelhecimento da população). No Brasil, podemos exemplificar com o crescimento do número de idosos assistidos pela **seguridade social**, que formam um mercado consumidor emergente.
>
> » **Ambiente econômico**: diz respeito a poder de compra, renda, preços, juros, taxa do dólar, disponibilidade de crédito, inflação, entre outros. Em épocas de inflação baixa, o consumo é aquecido, mas durante as crises, as taxas de juros sobem, dificultando negócios que se utilizam de financiamentos e parcelamentos para aumento das vendas.
>
> » **Ambiente natural**: algumas indústrias devem se preocupar com a matéria prima que utilizam na fabricação de seus produtos, pois a escassez de insumos pode ser um grave problema. Assim como o custo mais elevado de energia, os níveis mais altos de poluição e a mudança no papel dos governos como consequência da consciência ambiental, entre outros aspectos, outros fatores podem afetar diversos setores, de maneira a se tornarem grande **ameaça** ao negócio. Entretanto, para outros, isso deve ser encarado como uma **oportunidade**. Um exemplo disso foi a falta de cimento em meados de 2009, que obrigou dezenas de olarias a pararem de fabricar tijolos. Em contrapartida, novas fontes de material – como a taipa (terra úmida comprimida entre taipais de madeira desmontáveis) – estão surgindo para substituí-los, oferecendo oportunidades de negócio a outras indústrias.
>
> » **Ambiente tecnológico**: a taxa de crescimento da economia é também afetada pelo número de novas tecnologias que são desenvolvidas.

Seguridade social trata-se do conjunto de políticas sociais nacionais de amparo e assistência ao cidadão, bem como à família deste, em situações de adversidade (como desemprego e doença). No Brasil, a Constituição de 1988 (Brasil, 1988) estabelece que os três pontos principais da seguridade social são a previdência social, a assistência social e a saúde pública.

Essas novas tecnologias, em longo prazo, geram consequências que nem sempre são previsíveis, mas que devem ser monitoradas. A tecnologia ainda pode significar inovação ou adaptabilidade a novos processos com mais agilidade e rapidez. Nem sempre as empresas estão preparadas para absorverem uma nova tecnologia na velocidade dos concorrentes ou da demanda.

» **Ambiente político-legal**: é formado por leis, órgãos governamentais e grupos de pressão que podem influenciar e limitar as ações das organizações. Para alguns tipos de empresas industriais e comerciais, por exemplo, foi aprovado o projeto da Nota Fiscal Eletrônica. No Paraná, a **Norma de Procedimento Fiscal nº 41/2009 (Paraná, 2009)** estabeleceu um prazo para que essas empresas instalassem o cupom fiscal eletrônico até o final de 2009. Para aquelas que ainda não possuíam níveis adequados de informatização, foi muito difícil cumprir tal determinação no prazo.

» **Ambiente sociocultural**: são as crenças, os valores, os costumes e as normas da sociedade, os hábitos de compras, as influências de associações, clubes e igrejas. Principalmente com a globalização, estamos assistindo a alterações consideráveis de nossos valores e costumes. Até a década de 1990, uma criança na faixa de 10 anos pedia a seus pais, de presente de Natal, uma bicicleta. O século XXI trouxe como preferência o celular e o *videogame*.

» **Concorrência**: a concorrência é um importante elemento a ser considerado. Essa variável pode afetar o posicionamento, a produtividade e a própria sobrevivência da empresa. Uma boa maneira de se acompanhar os concorrentes é realizar o *benchmarking*, por meio do qual se pode comparar o desempenho da empresa com o das outras organizações, buscando sempre melhorar. A análise competitiva da indústria, ou Modelo de Porter (item 3.2.4), explicará melhor esse fator.

» **Comportamento dos consumidores**: devido aos fatores de influência, às novas tecnologias, às mídias e à moda, o comportamento de compra das pessoas é alterado constantemente e as empresas devem estar atentas a isso. Basta observarmos, por exemplo, as preferências de habitação que o século XXI trouxe. De cozinhas grandes, com geladeiras, *freezer* e despensa, passamos a cozinhas compactas com apenas a geladeira e o fogão. De compras mensais, passamos a compras pequenas e rápidas, semanais e, às vezes, até diárias.

Como o planejamento está relacionado ao nível de competição do mercado no qual a empresa atua, quanto mais competitivo o mercado, maior será o peso das variáveis incontroláveis e maior o risco para o negócio. Não há como anulá-las, mas é possível estabelecer-se um equilíbrio ou antecipar-se por meio do monitoramento dessas influências.

Estratégias para o diagnóstico

A velocidade das inovações tem marcado o mundo empresarial por inúmeras incertezas, aumentando o nível de competitividade. Para sobreviver, é preciso que a organização antecipe cenários futuros do ambiente de atuação, avaliando o comportamento das inúmeras variáveis que indicam as tendências do negócio. Só assim a empresa pode escolher a estratégia a ser adotada.

Para elaborar um planejamento, precisamos de informações dos ambientes empresariais em constantes mudanças que acabam por criar oportunidades, ameaças e até restrições. Perceber que o ambiente externo está mudando é bom, mas é preciso também ter-se as competências necessárias para se adaptar, como ter capacidade de atendimento às demandas, dar respostas rápidas, investir em inovações, entre tantas outras – mas, acima de tudo, **saber exatamente o que fazer**. Por isso existe a necessidade do diagnóstico.

O diagnóstico procura levantar problemas para encontrar suas possíveis soluções e se antecipar ao futuro. Para a realização disso, existem algumas ferramentas que chamamos de *matrizes de diagnóstico*, que podem auxiliar qualquer empresa a entender seu contexto.

Vamos conhecer, a seguir, algumas das ferramentas mais utilizadas.

Ciclo de vida do produto

Os produtos também morrem. Durante suas existências, eles passam por estágios distintos e, para cada um desses estágios, é preciso que diferentes estratégias sejam desenvolvidas. Ao longo de suas vidas, os produtos e/ou serviços apresentam novos desafios. Os lucros, o capital financeiro e o capital humano oscilam.

Esse método, para desenvolver as estratégias de marketing, leva em consideração o estágio do ciclo de vida no qual se encontra o produto. Suas fases podem ser **introdução, crescimento, maturidade** e **declínio**.

Figura 4 – Ciclo de vida do produto

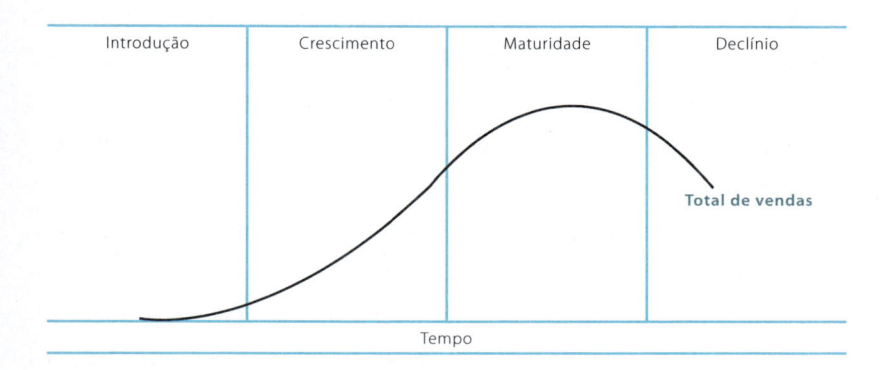

Fonte: Porter, 2004, p. 158.

Na fase de **introdução**, a empresa deve investir em planejamento e as vendas costumam ser baixas, exigindo altos investimentos em comunicação, pois o produto ou serviço pode estar entrando, por exemplo, em segmentos nos quais não existe demanda. Para essa fase, Kotler (2004) apresenta algumas estratégias:

» *Skimming* **rápido** – lançamento de um produto novo a um preço alto e com muita promoção (como o mercado potencial ainda não conhece o produto, ele paga o preço pedido para tê-lo após conhecê-lo).

> - *Skimming* **lento** – lançamento de um produto novo a um preço alto e com pouca promoção (é uma estratégia indicada para mercados limitados em tamanho e com pouca concorrência).
> - **Penetração rápida** – lançamento de um produto novo a um preço baixo e com pesados investimentos em promoção (quando é possível que os custos de fabricação caiam com o aumento da escala de produção).
> - **Baixa penetração** – lançamento de um produto novo a um preço baixo e com pouca promoção (pode ser utilizada quando há muitos concorrentes potenciais).

A fase de **crescimento** é aquela na qual a empresa deve tirar proveito da rentabilidade, pois, além de ser um período rápido, é nele também que surgem potenciais concorrentes. Nesse estágio, a empresa deve utilizar estratégias para sustentar o acelerado crescimento pelo maior tempo possível, como melhorar a qualidade do produto, acrescentar novas características, novos modelos, novos canais de distribuição e, até mesmo, reduzir os preços (Kotler, 2004). Em geral, o produto ou serviço nessa fase está em um mercado com alta taxa de crescimento e que já é conhecido pelo consumidor – novos concorrentes entram no setor para atender à demanda crescente, os canais de distribuição já se estabeleceram, a empresa passa a fazer investimentos para o aumento da produção ou comercialização etc.

Na fase de **maturidade**, o crescimento se dá em ritmo lento, com tendência a se estabilizar. Ainda, o número de concorrentes é elevado. Esse é o momento em que a empresa deve apostar em inovação e reposicionamento dos seus produtos (Kotler, 2004). Aqui, o produto ou serviço já atingiu seu potencial. Geralmente, o crescimento só é possível mediante a descoberta de novos segmentos de mercado, pois a oferta é superior à demanda.

O reposicionamento pode ser dar por meio da expansão do mercado entrando em novos segmentos, ou pelo aumento da taxa de uso do produto, fazendo com que os consumidores utilizem o produto com mais frequência, ou ainda descobrindo novas utilizações para o produto. A inovação deverá ocorrer não apenas no produto, mas no *mix* de marketing como um todo. Por exemplo: em relação ao preço, é possível melhorar as condições de pagamento. Na distribuição (ponto), a empresa pode introduzir mais pontos de venda e fazer parcerias com fornecedores. Na comunicação integrada, a empresa poderá lançar estratégias de cuponagem, prêmios, aumentar a equipe de vendas ou, ainda, inovar em serviços, como acrescentar entrega gratuita, assistência técnica diferenciada etc.

Na fase de **declínio**, as vendas caem e o lucro desaparece, o que traz o desafio do abandono do produto, que deve ocorrer de maneira estratégica. Isso acontece por várias razões, como alterações nas preferências do consumidor, obsolescência do produto ou muita concorrência, por exemplo. Mas a verdade é que **um produto que está morrendo custa caro para a empresa**.

Matriz Produto-Mercado (Ansoff)

A Matriz de Ansoff, também conhecida como *Matriz Produto-Mercado*, ou ainda *Matriz de Diversificação de Ansoff*, é um método usado para determinar e avaliar oportunidades de crescimento.

Figura 5 – Matriz Produto-Mercado

		Produtos	
		Existentes	Novos
Mercados	Existentes	Penetração de Mercado	Desenvolvimento de Produtos
	Novos	Desenvolvimento de Mercado	Diversificação

Fonte: Ansoff, 1990.

É um modelo de análise caracterizado por uma matriz de dupla entrada e que trabalha com dois vetores (produto e mercado). Com base na análise conjunta, consideramos em um vetor os produtos (atuais e novos) e, no outro, os mercados (atuais e novos). Assim, obtemos quatro opções de ações estratégicas de crescimento intensivo (Ansoff, 1990):

> » **Penetração de mercado** – com a otimização dos produtos atuais em seus mercados, a adoção dessa estratégia prevê uma política de vendas agressiva, com preços baixos e redução de custos.
> » **Desenvolvimento de mercado** – com os produtos atuais para novos mercados, ou com a introdução de novas marcas, busca-se a expansão territorial do mercado, novos segmentos de atuação, a conquista de clientes da concorrência ou a introdução de produtos existentes em mercados externos.
> » **Desenvolvimento de produtos** – com a diferenciação ou criação de novos produtos, a empresa se mantém nos mercados nos quais já atua, mas se diferencia da concorrência e busca vender esses diferentes (ou novos) produtos a clientes regulares. Essa estratégia exige a intensificação dos canais de comunicação.
> » **Diversificação** – com a diferenciação ou criação de novos produtos, a empresa caminha para novos mercados. É uma estratégia considerada arriscada, pois a empresa deve ganhar credibilidade no novo segmento.

A Matriz de Ansoff auxilia na escolha das estratégias de marketing mais adequadas de acordo com o perfil do mercado no qual a empresa atua (ou pretende atuar) em relação aos produtos ofertados. Mas para que essas estratégias obtenham resultados positivos, é preciso trabalhar-se a seleção de mercados por meio da segmentação, criando um *mix* de marketing específico para o alvo selecionado. É importante lembrar que um produto diferenciado é aquele que é diferente dos oferecidos pela concorrência e que atende a demandas de segmentos específicos de clientes (Ansoff, 1990).

Matriz SWOT (Harvard Business School)

Desenvolvida pela Harvard Business School, a análise SWOT – do inglês *strengths* (**forças**), *weaknesses* (**fraquezas**), *opportunities* (**oportunidades**) e *threats* (**ameaças**) – é uma das ferramentas de diagnóstico mais utilizadas por empresas e meios acadêmicos. O objetivo é fazer o levantamento e a análise de ameaças e oportunidades, fraquezas e forças que caracterizam o estado atual da empresa (Tarapanoff, 2001).

Figura 6 – Matriz SWOT

		Ambiente interno	
		Predominância de	
		Pontos fracos	Pontos fortes
Ambiente externo	Predominância de Ameaças	Sobrevivência	Manutenção
	Predominância de Oportunidades	Crescimento	Desenvolvimento

Fonte: Adaptado de Tarapanoff, 2001.

Esse modelo (Tarapanoff, 2001; Oliveira, 2001) auxilia no desenvolvimento de estratégias resultantes da análise dos seguintes elementos: ambiente externo à organização, ou macroambiente (oportunidades e ameaças), e ambiente interno à organização, ou microambiente (pontos fortes e fracos).

> » **Microambiente**: abrange funcionários, parceiros, principais relacionamentos com participantes de canais e fornecedores. Todos esses são elementos focados nos processos gerenciais ou nas soluções que sejam importantes para atenderem às necessidades do consumidor. Devem ser analisados os "Ps" do *mix* mercadológico da empresa (produto,

preço, ponto, promoção, pessoas) e comparados à concorrência, estabelecendo forças e fraquezas.

» **Macroambiente**: trata-se de questões demográficas, econômicas, tecnológicas, políticas, legais, concorrências etc. Alguns autores chamam esta análise de **Análise PEST** (pois aborda fatores políticos, econômicos, sociais e tecnológicos). A seguir, veja uma relação com os principais fatores que podem servir de referência de investigação pela empresa:

  » **Política** – devem ser analisadas variáveis como os impactos tributários, quantidade de empresas na informalidade, oferta de incentivos fiscais, mudanças de legislação, incentivos à exportação e importação, legislação trabalhista, direito do consumidor, órgãos fiscalizadores como Anvisa, a infraestrutura de estradas, portos, aeroportos, ferrovias etc.

  » **Economia** – abertura da economia, queda de barreiras comerciais, aumento do poder de compra das classes mais pobres, acesso a crédito, taxa de juros, aumento dos serviços, fusões e aquisições de empresas etc.

  » **Social** – aumento do número de idosos, alterações na configuração das famílias (pessoas vivendo sozinhas, casais sem filhos, homossexuais etc.), aumento da preocupação com a saúde, estética e qualidade de vida, mais pessoas com acesso à educação e informação, mulheres no mercado de trabalho, pessoas passando mais tempo em casa e buscando maior praticidade e segurança, preocupação com o meio ambiente e com a responsabilidade social, entre outros.

  » **Tecnologia** – novos processos de trabalho; internet; automação; novas matérias primas; ciclo de vida dos produtos cada vez menor.

Após realizar uma análise SWOT, a organização pode se posicionar em relação aos pontos de baixo desempenho, tentando anulá-los, e em relação às oportunidades, a fim de aproveitá-las. Essas ações devem ser a base do planejamento de atividades da organização.

Análise competitiva da indústria (Porter)

O Modelo de Porter, ou Modelo das Cinco Forças, diz que a empresa deve analisar as **cinco forças competitivas** que definirão a estrutura da competitividade. Esse método é utilizado para identificar oportunidades e ameaças que o ambiente externo oferece à empresa, tendo como principal objetivo entender o ambiente competitivo em que a empresa está inserida, identificando quais estratégias devem ser adotadas para obter vantagem competitiva. Além disso, o modelo busca explicar os fatores de influência no mercado e que também afetam o comportamento de compra (Porter, 2004).

As forças competitivas são classificadas da seguinte forma:

- **Ameaça de novos entrantes** – a empresa deve estar atenta ao surgimento de novos concorrentes que poderão afetá-la em alguns aspectos (por exemplo, no aumento dos custos e na queda de preços).
- **Poder de barganha dos fornecedores** – os fornecedores podem elevar preços ou reduzir a qualidade dos bens ou de seus serviços fornecidos.
- **Poder de barganha dos clientes** – os compradores competem com a indústria, forçando os preços para baixo.
- **Vulnerabilidade a produtos substitutos** – os produtos substitutos reduzem os retornos potenciais da indústria. A empresa deve ter competência para substituir seus próprios produtos, ou estar preparada para a pressão sobre lucros que poderá sofrer.
- **Grau de rivalidade entre empresas concorrentes** – a concorrência pode acarretar briga de preços, introdução de novos serviços, aumento de publicidade, entre outras consequências.

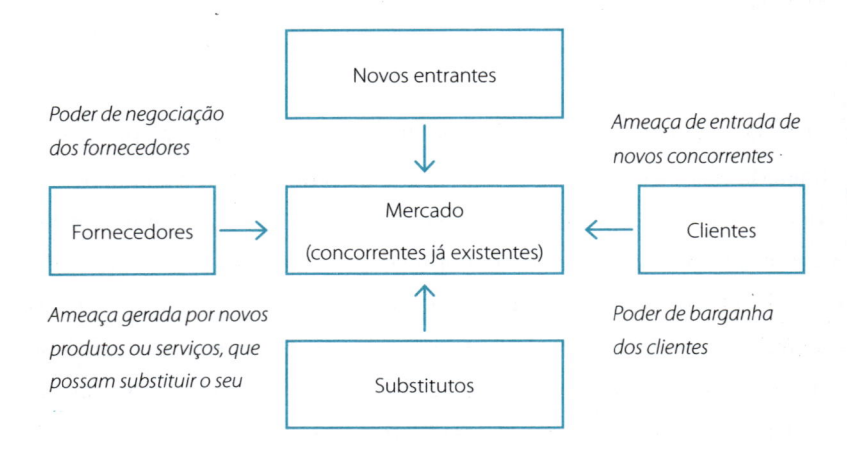

Figura 7 – Modelo de Porter (Modelo das Cinco Forças)

```
                          ┌─────────────────┐
                          │ Novos entrantes │
                          └─────────────────┘
   Poder de negociação             │            Ameaça de entrada de
   dos fornecedores                ▼            novos concorrentes
   ┌──────────────┐    ┌──────────────────────┐    ┌──────────┐
   │ Fornecedores │───▶│       Mercado        │◀───│ Clientes │
   └──────────────┘    │(concorrentes já exis-│    └──────────┘
                       │       tentes)        │
                       └──────────────────────┘
   Ameaça gerada por novos         ▲            Poder de barganha
   produtos ou serviços, que       │            dos clientes
   possam substituir o seu ┌─────────────┐
                           │ Substitutos │
                           └─────────────┘
```

Fonte: Porter, 2004.

A seguir, veja os fatores a serem analisados conforme o Modelo de Porter (1999).

A **ameaça de novos entrantes é alta**, segundo Porter (2004), **quando ocorrem os seguintes fatores**:

> » baixa economia de escala, facilitando a entrada de novos concorrentes no mercado, pois não são necessários altos investimentos para abertura do negócio;
> » baixa diferenciação de produto, fazendo com que o novo entrante não precise investir em pesquisa e desenvolvimento;
> » baixa resistência dos consumidores ao novo concorrente;
> » controles dos canais de distribuição das atuais empresas é baixo;
> » facilidade no acesso às matérias primas e seu fornecimento;
> » acesso a subsídios do governo, que podem reduzir a concorrência criando incentivos para aquelas empresas que já estão no negócio.

A **ameaça de produtos substitutos é alta quando ocorrem os seguintes fatores** (Porter, 2004):

- » **Preço e qualidade dos produtos substitutos** – quando a relação custo-benefício do produto ou serviço substituto é muito boa, o consumidor trocará o atual pelo novo.
- » **Propensão dos clientes em substituir** – se a lucratividade for alta, a ameaça aumenta.
- » **Custo de troca** – quando os custos de troca pelo comprador são baixos, é alta a ameaça de substituição daquilo que ele usa atualmente por um novo produto.

O **poder de barganha dos fornecedores é alto quando** (Porter, 2004):

- » há concentração de fornecedores;
- » o custo de mudança para os clientes é alto;
- » a disponibilidade de produtos substitutos é quase inexistente;
- » a diferenciação dos produtos/serviços dos fornecedores é alta;
- » o fornecedor não depende de poucos compradores.

O **poder de barganha dos clientes é alto quando** (Porter, 2004):

- » o mercado é constituído por um grande número de pequenas empresas que vendem para um pequeno número de compradores;
- » a troca por um produto alternativo possui baixo risco (custo de mudança);
- » o cliente ganha mais conhecimento sobre o produto, aumenta seu poder de barganha (grau de informação sobre o mercado/produto adquirido).

- o poder do cliente é grande quando o produto fornecido não é de importância estratégica para ele (disponibilidade de produtos/serviços substitutos);
- há pouca diferenciação de produtos.

A **rivalidade entre concorrentes é alta** quando ocorrem os seguintes fatores (Porter, 2004):

- o número de concorrentes é elevado e diversificado – mais empresas competem pelos mesmos consumidores e recursos, com estratégias diferenciadas;
- a taxa de crescimento do mercado é baixa – as empresas passam a competir mais intensamente por uma fatia do mercado, utilizando-se de baixa nos preços, reduzindo a lucratividade;
- os custos fixos são altos, devido à queda dos lucros;
- os custos de estocagem são elevados, pois é necessário vender rapidamente;
- a diferenciação de produto é pequena – se a empresas não conseguem gerar diferenciais, a escolha pelo consumidor passa a ser baseada no preço;
- os custos de troca entre produtos da concorrência são baixos, ou seja, o consumidor troca de marca de maneira fácil;
- as barreiras de saída são elevadas, significando que a empresa terá altos custos se abandonar o mercado;
- as apostas estratégicas são altas, levando a empresa a ter altos custos e até perdas financeiras para competir.

Mas para obter uma análise confiável, é necessário que o gestor tenha um excelente conhecimento do mercado no qual atua. A análise proporciona à empresa o conhecimento de que, quanto mais força tiverem os fatores anteriormente citados, maior será a rivalidade entre as empresas, maior a facilidade de entrada de novos concorrentes e produtos substitutos e, também, maior o poder de barganha de clientes e fornecedores, tornando o mercado não lucrativo. Entretanto, quanto menores forem essas forças, mais atrativo se torna o mercado.

Análise do portfólio de produtos (Boston Consulting Group – BCG)

Desenvolvida pelo **Boston Consulting Group**, a análise da Matriz BCG se dá por meio de duas variáveis – taxa de crescimento do mercado e quota de mercado relativa da empresa – que se relacionam com o fluxo de caixa dos produtos analisados.

Figura 8 – Análise do portfólio de produtos

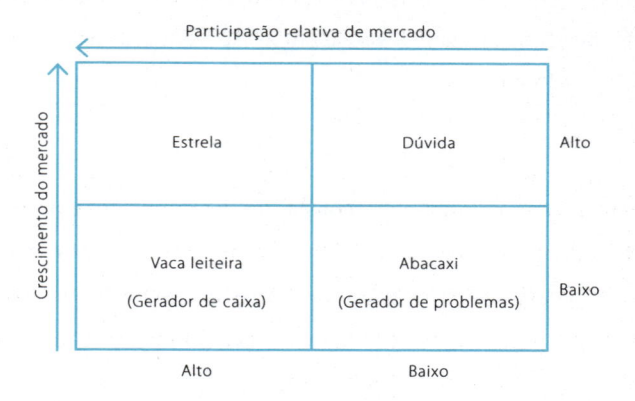

	Participação relativa de mercado		
Crescimento do mercado	Estrela	Dúvida	Alto
	Vaca leiteira (Gerador de caixa)	Abacaxi (Gerador de problemas)	Baixo
	Alto	Baixo	

Fonte: Adaptado do modelo do Boston Consulting Group (BCG), 1970.

> O **Boston Consulting Group** é uma empresa de consultoria empresarial, fundada em 1963, com sede na cidade de Boston (EUA). Famosa pelo desenvolvimento da Matriz BCG, a empresa atua não apenas com consultorias empresarias e desenvolvimento de técnicas de administração, mas também possui diversas publicações e estudos sobre estratégia, marketing, gerenciamento e planejamento. Você pode saber mais no *site*: <http://www.bcg.com>.

Os produtos são distribuídos em quatro quadrantes (Kotler, 2000):

» **Vacas leiteiras** – produtos com alta participação em mercados de baixo crescimento, mas que proporcionam altos lucros.
» **Estrelas** – produtos em mercados de alto crescimento e líderes de mercado, mas que possuem fluxo de caixa equilibrado.
» **Crianças-problema** ou **dúvidas** – produtos posicionados em mercados com altas taxas de crescimento, mas com baixa participação e que

> demandam investimentos. Sem a adoção de uma estratégia adequada, podem se tornar "abacaxis".
>
> » **Abacaxis** – também conhecidos como *cachorros*, são produtos posicionados em mercados com baixas taxas de crescimento e com participação inferior, gerando fluxo de caixa negativo. São aqueles produtos dos quais a empresa acaba por desistir.

Essa matriz oferece uma análise estratégica baseada em dois fatores: crescimento de mercado e participação de mercado, possibilitando a projeção de movimentos estratégicos para cada produto. É um modelo que se baseia no conceito de ciclo de vida do produto, segundo o qual a empresa, para criar valor em longo prazo, deve oferecer um portfólio com produtos com altas taxas de crescimento (e que exigem investimentos) e produtos de baixo crescimento (geradores de receita).

Sistema de marketing

É preciso realizar monitoramentos constantes dos ambientes empresariais. O diagnóstico auxilia a determinar objetivos, como aumento das vendas, treinamento de funcionários, participação no mercado, desenvolvimento de novos produtos, busca por novos mercados, diversificação, customização e melhoria da distribuição, entre outros (Kotler, 1999).

Determinados os objetivos, é preciso elaborar o plano de ação, que visa desenvolver as estratégias do *mix* de marketing – produto, preço, ponto, promoção, pessoas. O primeiro passo para isso é definir claramente o público-alvo da empresa e o posicionamento a ser adotado perante ele.

O posicionamento se dá em cima do diferencial do produto ou serviço. O importante é que esse diferencial seja visível aos olhos do consumidor. O plano de ação deve ser monitorado e controlado para que, a qualquer momento, a qualquer mudança no ambiente, ele possa ser imediatamente revisto.

Nesse ponto, já podemos estabelecer todo o sistema de marketing, que pode ser visualizado na figura a seguir.

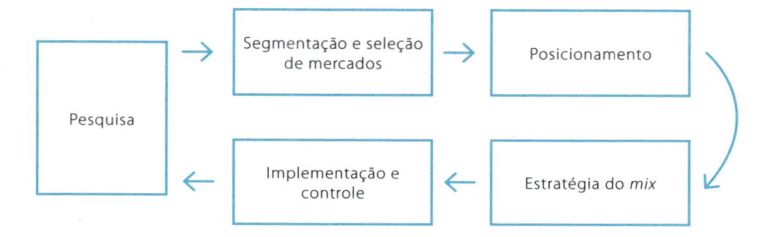

Figura 9 – Sistema de marketing

```
Pesquisa → Segmentação e seleção de mercados → Posicionamento
         ← Implementação e controle ← Estratégia do mix
```

Acompanhando a figura, podemos ver que a pesquisa se constitui no suporte às decisões de segmentação e seleção de mercados. A empresa se posiciona, desenvolve as estratégias de marketing e realiza o controle novamente por meio de pesquisas.

Vejamos no quadro a seguir um resumo das atividades mercadológicas.

Quadro 3 – Resumo das atividades mercadológicas

	Atividades exigidas
Informações de marketing – pesquisa	Planejar testes mercadológicos; observar e analisar o comportamento do consumidor; analisar e interpretar informações rotineiras, como dados de vendas; efetivar testes de mercado; analisar oportunidades; providenciar informações para a administração, para que possa tomar decisões adequadas.
Produto	Desenvolver e testar novos produtos; modificar produtos atuais; eliminar produtos que não satisfaçam consumidores; formular política de marcas; criar garantias e pensar na forma de cumprir as garantias; planejar embalagem, incluindo planejamento de materiais, tamanhos, formas, cores e desenhos.
Preço	Formular políticas de preços, determinar métodos para a determinação de preços; determinar descontos para vários tipos de compradores; estabelecer condições e prazos de vendas; analisar preços dos concorrentes.

(continua)

(Quadro 3 – conclusão)

Praça	Analisar os vários tipos de canais de distribuição; desenvolver canais; planejar um programa para relacionamento com intermediários; estabelecer centros de distribuição; formular e implantar procedimentos para manuseio interno de produtos; controlar estoques; analisar métodos de transportes; minimizar custos de distribuição; analisar possíveis localizações para fábrica, loja ou outros estabelecimentos.
Promoção	Implantar objetivos de promoção; determinar os mais importantes tipos de promoção; selecionar e programar mídias; desenvolver mensagens publicitárias; medir a eficiência do comercial; recrutar e treinar pessoal de vendas; estabelecer territórios de vendas; planejar e implantar programa de promoção de vendas, como amostras grátis, cupons, *displays*, concursos de vendas, propaganda cooperativa; preparar e disseminar *releases* de publicidade.
Administração de marketing	Estabelecer objetivos de marketing; planejar, coordenar e integrar as atividades de marketing; motivar as pessoas responsáveis com a execução do plano; avaliar e controlar o desempenho das atividades de marketing.

Fonte: Pride; Ferrel, 1977, p. 10.

Esse quadro nos mostra o quão complexa e, ao mesmo tempo, fascinante é a gestão de marketing. Revela também a responsabilidade que a mercadologia tem sobre a manutenção da empresa em mercados competitivos e que grande parte da ação empresarial passa por um de seus componentes. Como a base de tudo o que foi visto é a pesquisa, vamos analisar melhor essa questão no próximo capítulo.

Já vimos que o marketing é indispensável às empresas que querem permanecer e crescer no mercado. Mas estudar e entender esse mercado é o que fará com que a empresa desenvolva vantagens competitivas que a levem ao sucesso. As organizações estão inseridas em ambientes extremamente complexos, demandando planejamento, que é "a capacidade desenvolvida pelas empresas para se adaptar continuamente às mudanças ambientais e essa capacidade não é apenas uma resposta passiva aos fatores externos, mas ativa, criativa e uma deliberada procura por condições que possam assegurar nichos lucrativos para os negócios da empresa" (Hax; Majluf, 1984, p. 1). Para tanto, o diagnóstico desses ambientes é fator fundamental na elaboração da estratégia.

Estudo de caso

Mercado de videolocadoras

A crise do mercado de *homevideo* no Brasil mostra que, entre os anos de 2006 e 2008, o número total de DVDs vendidos no país diminuiu cerca de 14% (de 28,7 milhões de unidades comercializadas para 24,7 milhões). Desse total, a venda para locadoras mostrou uma queda ainda maior: de 8,5 milhões de unidades para 4,6 milhões – ou seja, 45%.

Além da já conhecida pirataria, outros fatores contribuíram para esses números. De acordo com a União Brasileira de Vídeo (UBV), o país passou de 12 mil locadoras entre 2003 e 2005 para 8 mil em 2009.

A locação respondia por, pelo menos, 70% do mercado. A entrada dos grandes varejistas com o *sell-thru* (venda direta ao consumidor de filmes) a preços muitos baixos foi um forte golpe para as empresas do setor. As locadoras, na intenção de aumentar suas receitas, passaram a vender também sorvetes, chocolates, refrigerantes, cartão de celular, e se esqueceram dos filmes.

O número de locadoras cresceu demais, encolhendo o mercado, e a internet trouxe o *download* de filmes e vídeos. Para se ter uma ideia, o filme *Meu nome não é Johnny* – maior sucesso de bilheteria em 2008 entre os filmes nacionais, com público superior a 2 milhões de espectadores – vendeu apenas 48 mil DVDs: cerca de 18 mil para locadoras e aproximadamente 30 mil em *sell-thru*.

Outro forte concorrente das locadoras é o tempo que as pessoas dispõem para o lazer. Novas formas de entretenimento doméstico, como a TV a cabo e a própria internet, surgem a todo momento. A saída para o setor estaria no lançamento do formato *blu-ray*, que já oferece cerca de 200 títulos,

> Se você quiser saber mais sobre o tema, consulte: FILME B. Disponível em: <http://www.filmeb.com.br>. Acesso em: 22 abr. 2010. Esse *site* é considerado o mais completo portal sobre o mercado de cinema no Brasil. Também traz diversas informações sobre a área e conta com boletins informativos periódicos.

contabilizando em 2009 cerca de 93 mil unidades vendidas.

Enquanto isso, o DVD procura alternativas para se reposicionar no mercado.

Nos Estados Unidos, as locadoras apostam em superpromoções.

Fonte: Adaptado de Sousa, 2009.

Com base no caso exposto, procure responder:

1. De acordo com o modelo de Michael Porter (Modelo das Cinco Forças), que análise você faz das forças que regem a concorrência no negócio das videolocadoras no Brasil?
2. O Modelo das Cinco Forças explica os fatores que influenciam o mercado e que afetam o comportamento de compra, tendo como principais objetivos entender o ambiente competitivo e identificar ações e estratégias futuras para se obter vantagem no mercado (Porter, 2004). De que maneira isso ocorre?
3. Para sobreviver, a empresa precisa desenvolver ferramentas que a auxiliem a prever as tendências do ambiente externo. De que maneira uma videolocadora poderia ter sobrevivido às ameaças que esse ambiente impôs e impõe nos últimos anos?
4. A análise dos ambientes interno e externo colhe informações que servem como dados concretos sobre o futuro. Por meio dos pontos fortes, essa análise permite que a empresa explore as oportunidades oferecidas pelo ambiente, bem como eliminar os pontos fracos que podem se transformar em ameaças. Quais são os fatores do ambiente externo de maior impacto no mercado de videolocadoras?
5. Que oportunidades esse ambiente pode ofertar a essas empresas, tomando por base as informações deste estudo de caso?

Síntese

A análise ambiental permite às empresas entender aspectos importantes e indispensáveis ao seu crescimento e manutenção no mercado, por meio da construção de uma vantagem competitiva sustentável. São novas necessidades que exigem novas perspectivas e análises cada vez mais rápidas.

Prospectar cenários e antecipar tendências são ferramentas estratégicas. Essas ações possibilitam às organizações o desenvolvimento de um posicionamento competitivo. Vimos várias metodologias que, juntas, se tornam o instrumento para que essas ações se viabilizem.

Questões para revisão

1. As **Cinco Forças Competitivas** de Michael Porter e a **Matriz SWOT** tratam, respectivamente, de quais análises?
   a. Das oportunidades e ameaças para a organização com base em grandes grupos internos de influência e das ameaças e oportunidades, fraquezas e forças que caracterizam o estado atual da empresa.
   b. Das oportunidades e ameaças para a organização tomando-se por base grandes grupos externos de influência e das ameaças e oportunidades, fraquezas e forças que caracterizam o estado atual da empresa.
   c. Somente dos recursos existentes na organização baseando-se em grandes grupos externos de influência e das fraquezas e forças do estado atual da empresa.
   d. Somente dos recursos potenciais na organização com base em grandes grupos externos de influência e das fraquezas e forças que caracterizam o estado atual da empresa.
   e. Ambas tratam da análise das oportunidades e ameaças para a organização.
2. As empresas recebem fortes influências do ambiente externo, que podem trazer impactos diretos em seus negócios, representando oportunidades ou ameaças. Quais são essas influências?
   a. Demográficas, sociais, políticas, tecnológicas, concorrentes e estrutura organizacional.

b. Demográficas, sociais, clientes, fornecedores e concorrentes.
c. Demográficas, sociais, políticas, tecnológicas, concorrentes.
d. Funcionários, sociais, políticas, tecnológicas, concorrentes.
e. Estrutura organizacional, funcionários e concorrentes.

3. De acordo com a abordagem do **ciclo de vida do produto,** de Michael Porter, os produtos também morrem, passando por estágios distintos. Sobre essa matriz de análise, **não podemos afirmar** que:
   a. na fase de **introdução,** a empresa deve investir em planejamento e as vendas costumam ser baixas, exigindo altos investimentos em comunicação.
   b. a fase de **crescimento** é aquela na qual a empresa deve tirar proveito da rentabilidade. além de ser rápida, é também nessa fase que surgem potenciais concorrentes.
   c. na fase de **maturidade,** o crescimento se dá em ritmo acelerado, com tendência a aumentar, e o número de concorrentes é elevado. esse é o momento em que a empresa deve apostar em inovação e reposicionamento dos seus produtos.
   d. na fase de **declínio** as vendas caem, o lucro desaparece e traz o desafio do abandono do produto, que deve ocorrer de maneira estratégica.
   e. na fase de **inovação,** o crescimento se dá em ritmo acelerado, com tendência a aumentar.

4. As empresas estão constantemente buscando diferenciar sua oferta da de seus concorrentes. Quando uma empresa consegue essa diferenciação, os concorrentes a copiam, o que faz com que a maioria das vantagens competitivas dure pouco tempo. Como o diagnóstico (análise) pode auxiliar as empresas a continuarem reformulando suas estratégias de marketing?

5. O diagnóstico estratégico é o primeiro passo para a elaboração do planejamento e, por meio dele, a organização terá as informações necessárias para a decisão de seu posicionamento. O objetivo é identificar e monitorar, de forma permanente, as variáveis que afetam o negócio, antecipando-se às mudanças. Assim, de que maneira um **sistema de marketing** pode contribuir para esse diagnóstico?

Para saber mais

Os leitores interessados na melhor compreensão das estratégias empresariais poderão consultar as seguintes obras:

ANSOFF, H. I. *A nova estratégia empresarial*. São Paulo: Atlas, 1990.

HAX, A. C.; MAJLUF, N. S. *Strategic management*: a integrative perspective. New Jersey: Prentice Hall, 1984.

OLIVEIRA, D. de P. R. de. *Planejamento estratégico*: conceitos, metodologia e práticas. 13. ed. São Paulo: Atlas, 1999.

PORTER, M. E. *Estratégia competitiva*: técnicas para análise da indústria e da concorrência. 2. ed. Rio de Janeiro: Elsevier, 2004.

TARAPANOFF, K. (Org.). *Inteligência organizacional e competitiva*. Brasília: Ed. da UnB, 2001.

UBV – União Brasileira de Vídeo. Disponível em: <http://www.ubv.org.br>. Acesso em: 22 abr. 2010.

capítulo 4
pesquisa de marketing

Conteúdos do capítulo

» Sistema de Informações Mercadológicas (SIM).
» Pesquisa de marketing.
» Projeto de pesquisa.

Após o estudo desse capítulo, você será capaz de:

1. compreender o funcionamento de um Sistema de Informações Mercadológicas;
2. identificar meios e ferramentas para realizar pesquisa;
3. elaborar um projeto de pesquisa de marketing.

A garantia do sucesso de um planejamento reside na obtenção de informações sobre o ambiente empresarial, principalmente o competitivo, que trata dos concorrentes da empresa e de seus consumidores. Assim, a pesquisa de mercado se torna uma das principais aliadas na elaboração de estratégias de marketing, oferecendo dados qualitativos e quantitativos que irão subsidiar o processo decisório.

Vimos que as empresas devem analisar cenários e comparar suas decisões com o modo como os concorrentes realizam seu planejamento (ou seja, fazer o *benchmarking* e detectar tendências, para então responder rapidamente às necessidades dos clientes). Assim, se realizada corretamente, a pesquisa de marketing não só orientará as decisões da empresa como poderá solucionar desde problemas mais simples, como a mudança do *layout* de loja, até os mais complexos, como a escolha do ponto de venda ou a entrada em novos segmentos de mercado.

A seguir, veremos métodos e elementos que podem contribuir na elaboração da pesquisa de marketing e seu projeto.

Sistema de Informações Mercadológicas (SIM)

Uma das maneiras mais seguras para a redução de riscos no processo de tomada de decisão em marketing é monitorar os ambientes empresariais. Para que isso aconteça, as empresas necessitam de um **Sistema de Informações Mercadológicas** que as auxilie a entender esses mercados e a antecipar cenários. Em marketing, damos a esse sistema o nome de **SIM**.

Para a elaboração de um plano de marketing, devido à complexidade que este envolve, são imprescindíveis as informações sobre o macroambiente da empresa – como tecnologia, economia, demografia, meio ambiente, consumidores e concorrentes – e sobre o microambiente – dados sobre as vendas, participação de mercado, pedidos de clientes, custos da empresa, lucratividade, clima da organização, entre outros. Para Mattar (1993, p. 32), esse sistema "monitora o ambiente externo, busca e capta, avalia e seleciona, trata e condensa, indexa, analisa, interpreta, classifica, armazena, recupera, transmite e dissemina dados e informações externos e internos".

Para que o processo de tomada de decisão ocorra com o menor grau de risco possível – e longe do "achismo" –, foi desenvolvido o SIM (Kotler, 1998). Quanto maior o número de informações, maior a possibilidade de se alcançar uma vantagem competitiva. Observe no quadro a seguir todas as informações que o SIM deve armazenar.

Quadro 4 – Informações do SIM

Ambiente externo	Estratégias e composto de marketing	Ambiente interno
Competidores.	Mercados.	Logística de entrada.
Participação de mercado, produtos, estrutura de custos, estrutura industrial.	Segmentos, tamanho, características.	Fornecedores, preço interno, custos de armazenamento.
Tecnologias.	Sistemas de distribuição.	Logística de saída.

(continua)

(Quadro 4 – conclusão)

Produtos, produção, comunicação, sistemas de informação.	Força de vendas, lojas, logística de transporte, atacado.	Custo de transporte, custo de armazenamento.
Clientes.	Política de promoção.	Operações.
Padrão de compra, demografia, aspectos psicológicos, necessidade de produtos, satisfação.	Mídias, conteúdo da propaganda, promoções de vendas, relações públicas.	Custos de manufatura, inventário, produtos acabados, flexibilidade, custo de retrabalho.
Economia.	Política de preços.	Vendas.
Tendências de emprego, projeções econômicas, poder aquisitivo, tendências de taxas de juros, taxas de câmbio.	Preços, condições de financiamento, margem.	Venda de produtos, comissões, área geográfica, canal de atacado, canal de varejo.
Política.	Serviços ao cliente.	Serviços ao cliente.
Leis, ameaças, eleições, agências reguladoras, decisões judiciais.	Treinamento, retorno de produtos, garantias.	Custos, requisições, preocupações.
Aspectos socioculturais, papéis e valores, religião, crenças.	Design de produtos.	

Fonte: Marshall, 1996, p. 16.

Enfatizamos a importância do SIM para o monitoramento do ambiente de marketing, com o objetivo de oferecer aos gestores as informações necessárias para a tomada de decisão. É preciso se antecipar às forças competitivas que impulsionam as organizações a responderem rapidamente às ameaças do ambiente. Não adianta apenas as empresas conhecerem as necessidades e os desejos de seus clientes. É necessário que tenham informações sobre todas as variáveis controláveis e incontroláveis do ambiente, como concorrentes, fornecedores e tecnologia.

Também não há um modelo ideal de SIM. Cada empresa deve adaptar o SIM à sua própria realidade. Todas as organizações buscam cumprir seus objetivos, entre os quais o principal é a lucratividade.

O SIM é um sistema composto por pessoas, equipamentos e procedimentos. Para Kotler (1998), essa composição tem por objetivo coletar dados dos ambientes da empresa (conforme exposto no Quadro 4), selecionar os que são relevantes, analisar as informações, avaliar sua qualidade e distribuí-las de acordo com as necessidades dos tomadores de decisões em marketing.

> Kotler (1998, 2000) divide o **SIM em quatro subsistemas**:
> 1. **Sistema de registros internos** – as informações oriundas desse sistema estão localizadas dentro da empresa (relatórios sobre pedidos, devoluções, vendas, preços praticados, reclamações de clientes, níveis de estoque, contas a receber, contas a pagar). Quando esses registros são analisados e acompanhados, a empresa pode detectar problemas, oportunidades e possíveis ameaças ao negócio. **São registros de extrema importância o ciclo de pedidos e o relatório de vendas.** Os pedidos são o termômetro da empresa. O acompanhamento das vendas é primordial para que, a qualquer momento, o gestor possa tomar decisões em relação a todo o *mix* mercadológico. O relatório de vendas traz informações sobre os clientes, as reclamações, o surgimento de novas necessidades, os problemas com a distribuição, os preços competitivos, a concorrência, entre outras.
> 2. **Sistema de inteligência de marketing** – a inteligência de marketing busca o conhecimento sobre o que acontece no mercado por meio de jornais, livros, internet, revistas técnicas, conversas com consumidores, distribuidores, fornecedores e funcionários da própria empresa. É importante que o profissional de marketing adote algumas estratégias, como treinar o pessoal de vendas para buscar informações relevantes sobre os clientes (fazendo do relatório de vendas um instrumento efetivo de coleta de informações), contratar especialistas para coletar

informações importantes (por exemplo, o cliente oculto, que visita pontos de venda para perceber a qualidade do atendimento), aprender com os concorrentes ou *benchmarking* (comprando seus produtos, participando de inaugurações e demonstrações, conversando com representantes do concorrente, lendo boletins de jornais, buscando anúncios etc.) e promover painéis consultivos com clientes (para discutir livremente temas como manutenção, novas tecnologias, necessidades, entre outros).

3. **Sistema de apoio à decisão de marketing** – esse sistema é um conjunto de dados, sistemas, ferramentas e técnicas, com *softwares* e *hardwares* como suporte, por meio dos quais uma empresa coleta informações relevantes oriundas dos negócios e do ambiente e as transforma em uma base para a ação de marketing. Existem muitas ferramentas quantitativas utilizadas em sistemas de apoio às decisões de marketing, como *database* (ou banco de dados), CRM e *data mining* (ou mineração de dados), muito conhecidos e estudados.

4. **Sistema de pesquisa de marketing** – a pesquisa de marketing é o processo de planejar e coletar dados, bem como de analisá-los e interpretá-los. Tem a sua finalização com a apresentação sistemática das descobertas relevantes sobre um problema específico de marketing enfrentado por uma empresa.

Como a pesquisa é a base do processo decisório em marketing e sem ela qualquer decisão corre risco de insucesso, vamos abordar a seguir, mais detalhadamente, a pesquisa de marketing para esclarecer melhor esse processo e o desenvolvimento dos tipos de pesquisa necessários à coleta de informações estratégicas.

Pesquisa de marketing

A pesquisa de marketing deve ser vista como um investimento pela empresa. Ela tem por objetivo responder a questões cruciais, buscando reduzir os riscos de qualquer decisão que deva ser tomada. Na era da informação, nada mais pode ser realizado sem respostas às perguntas que embasam qualquer planejamento.

Conforme Samara (1997), **a pesquisa pode contemplar problemas como**:

> - Quais embalagens, *designs*, cores e nomes são os mais adequados para os produtos?
> - Qual é o preço que o consumidor está disposto a pagar?
> - Que tipo de promoção de vendas é mais eficiente?
> - Que preço devemos cobrar por nossos novos produtos?
> - Os clientes estão satisfeitos com os nossos produtos?
> - Como o consumidor vê a empresa e seus concorrentes?
> - Quem são meus principais clientes? Qual o perfil?
> - Quem são meus clientes potenciais? Onde estão?
> - Como está o clima dentro da organização?
> - Quem são nossos concorrentes? Que preços praticam?

Diante dessas questões, é possível percebermos que a pesquisa de marketing auxilia a empresa a entender as mudanças do mercado para enfrentar a alta competitividade experimentada no mundo atual, examinando tendências e alterações de comportamento, identificando novas oportunidades de mercado e possíveis ameaças para o negócio. Trata-se de uma ferramenta que contribui para que a empresa possa buscar respostas e soluções para os problemas enfrentados.

> São inúmeras as situações em que podemos utilizar essa pesquisa. Por exemplo: para verificar se haverá aceitação de um novo produto, testar novos produtos, avaliar o melhor canal de comunicação com o consumidor e para saber quais preços cobrar.

Agora que evidenciamos a importância da pesquisa de marketing, vamos analisar como se dá esse processo, que envolve cinco etapas. Veja a seguir quais são as fases da pesquisa de marketing (Kotler, 1998, 2004).

» **A definição do problema e dos objetivos de pesquisa**: é a fase na qual se busca a resposta para a pergunta-problema. Esta deve ser clara e expressa por meio de uma frase interrogativa. Por exemplo: Qual tipo de comunicação atinge nossos clientes?.

» **O desenvolvimento do plano de pesquisa**: exige decisões sobre fontes de dados, abordagens e instrumentos de pesquisa, plano de amostragem e métodos de contato. A fonte pode utilizar dados primários, secundários ou ambos. Estes são armazenados dentro de um banco de dados de marketing, chamado de *database*, pois organiza informações sobre consumidores atuais e consumidores potenciais (*prospects*) e é preparado de acordo com os propósitos de marketing da empresa.

» **Coleta de informações**: geralmente, a fase de coleta de dados da pesquisa de marketing é a mais cara e a mais sujeita a erros. No caso de levantamentos dos dados, surgem quatro grandes problemas: alguns respondentes podem não ser encontrados e devem ser substituídos, alguns se recusam a cooperar, outros não são honestos nas respostas, e outros podem não ser suficientemente confiáveis.

» **Análise das informações**: a etapa seguinte do processo de pesquisa de marketing é extrair resultados com base nos dados coletados. O pesquisador tabula os dados e desenvolve distribuições de frequência. Médias e medidas de dispersão são computadas para as principais variáveis. O pesquisador também aplica algumas técnicas estatísticas avançadas e o modelo de decisão, a fim de descobrir resultados adicionais.

» **Apresentação dos resultados**: como última etapa da pesquisa de marketing, o pesquisador apresenta seus resultados aos principais interessados.

Esse método permite que o profissional de marketing estabeleça critérios para a elaboração de um projeto de pesquisa. O processo pode ser dividido em fases para facilitar sua apresentação. Essa divisão é apresentada no tópico a seguir.

Elaboração do projeto de pesquisa de marketing

Depois que entendemos o processo de pesquisa, estamos prontos para desenvolver o projeto e apresentá-lo. As principais etapas de um projeto de pesquisa, segundo Samara (1997), são:

a. definição do problema;
b. determinação do objetivo geral e objetivos específicos;
c. universo de pesquisa, ou público-alvo, ou mercado;
d. metodologia de pesquisa;
e. método de coleta de dados;
f. amostragem;
g. pré-teste;
h. tabulação e análise de dados;
i. apresentação dos resultados e recomendações ao cliente.

A seguir, veremos a explicação de cada um desses itens.

Problema

É uma pergunta para a qual a empresa busca resposta. É essa pergunta que norteará todo o processo. Ela surge de um problema que a empresa enfrenta, para o qual ela necessita de informação para tomar qualquer decisão (Samara, 1997).

Exemplo:
» As condições de pagamento da empresa Glass são satisfatórias para os clientes?

Objetivo geral e objetivos específicos

É aquele que soluciona o problema. As respostas aos objetivos de pesquisa trarão as informações que solucionarão o problema de pesquisa, ou seja, o que se pretende com sua realização.

O **objetivo geral** é o que se pretende buscar em relação ao problema proposto.

> Exemplo:
> » Identificar se as condições de pagamento aplicadas pela empresa Glass atendem às necessidades dos clientes, portando-se de maneira competitiva no mercado.

Já os **objetivos específicos** são aqueles que indicam a resposta ao objetivo geral. Cada objetivo específico gera uma ou mais questões do instrumento de coleta de dados (Samara, 1997). Os objetivos são iniciados com verbos que indicam ação: analisar, identificar, verificar, determinar etc.

> Exemplos:
> » Avaliar a satisfação dos clientes quanto aos descontos praticados pela empresa no pagamento à vista.
> » Especificar para os clientes o prazo ideal para efetuar o pagamento nas compras realizadas a prazo.

Universo de pesquisa, ou público-alvo, ou mercado

O **universo de pesquisa** é um conjunto de indivíduos de características comuns. É a delimitação e descrição das pessoas a serem entrevistadas. Pode ser sua carteira de clientes, a população de um bairro etc. É a definição dos critérios segundo os quais serão selecionados os indivíduos que participarão da pesquisa, de acordo com sua natureza e seus objetivos.

> Exemplo:
> » A empresa Glass possui mil clientes.

Metodologia de pesquisa

Em relação à metodologia de pesquisa, nessa fase devemos decidir quais métodos serão utilizados. De acordo com o instrumento a ser utilizado, a pesquisa pode ser **qualitativa** ou **quantitativa**.

Se o objetivo for quantificar, medir e gerar análises estatísticas, utiliza-se a **pesquisa quantitativa**, que trabalha com uma amostra e coleta dados de uma população representativa do universo de pesquisa. Já a **qualitativa** envolve pequenos grupos de entrevistados, com o objetivo de obter novas ideias e interpretações para posterior análise (Samara, 1997).

Vamos entendê-las melhor na seção a seguir:

Pesquisa qualitativa

Essas pesquisas buscam o entendimento de atitudes, valores e motivações do público pesquisado, oferecendo informações de natureza mais subjetiva. Não há preocupação estatística. Malhotra (2001, p. 155) define a **pesquisa qualitativa** como uma técnica de "pesquisa não estruturada, exploratória, baseada em pequenas amostras, que proporciona *insights* e compreensão do contexto do problema".

Entre as **pesquisas mais utilizadas** na administração mercadológica estão as seguintes (Malhotra, 2001):

> » **Entrevistas em profundidade** – é uma entrevista não estruturada, direta e pessoal, em que um entrevistador inicia com uma pergunta genérica e o entrevistado é incentivado a falar livremente sobre o tema.
> » **Grupos de foco** – é considerada a técnica mais importante de pesquisa qualitativa. Formada por grupos de 8 a 12 pessoas reunidas com um moderador, a pesquisa promove um debate em grupo no qual os

entrevistados discutem o problema da pesquisa, expondo seus interesses, suas atitudes e reações, seus sentimentos e suas experiência de uso. Ao moderador cabe registrar o que é dito pelos participantes. São utilizadas câmeras de TV/vídeo, gravadores de áudio, e as pessoas do grupo são observadas através de um vidro, conhecido como *one-way mirror*, que permite vê-los sem que o moderador seja visto.

» **Observação** – é de grande utilidade para auditoria de estoques, registro e observação de comportamento de compra no ponto de venda. Nesse tipo de pesquisa, o pesquisador registra dados sistemáticos de comportamentos, de fatos, de ações, simplesmente observando como os consumidores se comportam durante a compra.

» **Experimentação** – o objetivo da experimentação é avaliar a reação do consumidor a certas características físicas do produto – como sabor, cor, tamanho, tipo da embalagem – e até de desempenho, no caso do *test-drive*, entre outros. Ainda avalia o comportamento do público com relação a determinado produto, temas ou personalidade política.

A pesquisa qualitativa também deve ser utilizada como suporte ao desenvolvimento da pesquisa quantitativa. Primeiramente são identificados os padrões de alternativas de resposta do público-alvo, para somente depois serem elaborados questionários com base nelas.

Pesquisa quantitativa

Nesse tipo de pesquisa, os dados são obtidos de um grande número de respondentes, submetidos a análises estatísticas formais e apresentados no formato de tabelas e/ou gráficos. Geralmente o instrumento de coleta de dados é formado por questionários estruturados com perguntas fechadas. É utilizada amostragem, sempre que possível, com representatividade (Malhotra, 2001). Esse método oferece informações de natureza mais objetiva e aparente. Pode acontecer por meio de entrevistas pessoais, telefone, mala direta, questionários autopreenchíveis encartados em revistas, *e-mail* e via internet, entre outros métodos.

De acordo com Mattar (1993), tanto as pesquisas qualitativas quanto as quantitativas ainda podem ser **ocasionais** (*ad hoc*), realizadas uma única vez, ou **evolutivas** (painel), nas quais o pesquisador pode usar os mesmos elementos da população em vários períodos de tempo. Elas ainda podem ser, em relação ao objetivo, **exploratórias**, **descritivas** ou **históricas** (Mattar, 1993).

> » **Pesquisa exploratória**: ocorre uma coleta de dados e informações preliminares que auxiliam a definir com mais precisão os problemas, bem como para sugerir hipóteses. É utilizada principalmente nos métodos de observação e/ou levantamento.
> » **Pesquisa descritiva**: nesse tipo de pesquisa, o pesquisador já possui um conhecimento do problema e/ou das variáveis envolvidas, obtidas por meio de revisão bibliográfica ou outra forma de conhecimento.
> » **Pesquisa histórica**: é a investigação de eventos ou fatos passados por meio de dados secundários ou pessoas que sejam fonte de informação.

Já em relação aos **dados**, a pesquisa pode ser realizada por meio de **dados primários** (coleta de dados pelo método indutivo) e **dados secundários** (pesquisa sobre dados já coletados e publicados). Como exemplos de dados, podemos citar: estatísticas das atividades da empresa, histórico de vendas, revistas, jornais, internet, publicações técnicas, associações de classe, IBGE e órgãos oficiais.

No caso de nosso exemplo – a empresa Glass –, poderíamos utilizar a seguinte metodologia: pesquisa quantitativa por meio de questionário de perguntas fechadas aplicado pessoalmente.

Método de coleta de dados

Nas pesquisas qualitativas, o instrumento de coleta de dados é um roteiro. O roteiro é comporto por, no máximo, 12 perguntas abertas e deve criar uma progressão natural entre elas. A pergunta inicial é introduzida pelo moderador, que inicia a discussão. Com base nela, o moderador criará situações para a introdução das demais (Mattar, 1993).

Nas pesquisas quantitativas, o instrumento é o questionário.

Os questionários podem ser:

- **estruturados** – questões fechadas;
- **não estruturados** – questões abertas ou roteiros;
- **mistos**.

As questões fechadas, em que a pessoa assinala uma ou mais alternativas, podem ser elaboradas de diferentes formas, resultando em diferentes tipos de questões, descritos a seguir.

a. **Perguntas dicotômicas** – são questões que oferecem duas respostas possíveis. As perguntas fechadas fornecem as respostas possíveis ao entrevistado e apenas uma alternativa de resposta é possível.

> Exemplos:
> - Em que cidade o(a) Sr.(a) mora?
>   ( ) Curitiba   ( ) Londrina   ( ) São Paulo
> - O Sr. possui casa própria?
>   ( ) Sim   ( ) Não
> - Com quem o Sr. pretende viajar este ano?
>   ( ) ninguém   ( ) filhos   ( ) amigos   ( ) mulher   ( ) pais

b. **Perguntas abertas** – o entrevistado é livre para responder às perguntas.

Exemplos:
» Qual é a sua opinião sobre o cinema do Shopping X?

c. **Pergunta semiaberta** – é a união de uma pergunta fechada a uma aberta. A pessoa entrevistada escolhe uma das alternativas e depois justifica sua escolha.

Exemplos:
» Qual *shopping* você frequenta?
( ) Curitiba   ( ) Estação   ( ) Barigüi   ( )Mueller   ( ) Outro
Por quê?

d. **Perguntas encadeadas** – é quando a resposta da segunda pergunta depende da primeira.

Exemplos:
» O Sr. tem carro?
( ) Sim   ( ) Não
Caso a resposta seja afirmativa, qual é a marca?

e. **Escala de Lickert (concordo-discordo)** – são formuladas afirmações sobre o objeto da pesquisa e o respondente indica o grau de concordância ou discordância de acordo com as variáveis e atitudes relacionadas ao objeto. São apresentadas opções como: concordo totalmente, concordo, nem concordo nem discordo, discordo, discordo totalmente.

Veja dois exemplos:

» Os bancos nacionais são melhores do que os estrangeiros?

    5. Concordo totalmente
    4. Concordo parcialmente
    3. Não concordo nem discordo
    2. Discordo parcialmente
    1. Discordo totalmente

» Apartamentos de três quartos têm vantagem sobre os de dois quartos.

( ) Discordo fortemente   ( ) Indiferente   ( ) Concordo fortemente
( ) Discordo   ( ) Concordo

f. **Diferenças semânticas** – insere-se uma escala entre duas palavras antônimas e o entrevistado seleciona o ponto que representa a direção e a intensidade de seus sentimentos.

Exemplos:

» Margarina Minha

Alta qualidade (10) (9) (8) (7) (6) (5) (4) (3) (2) (1) Baixa qualidade
Muito cremosa (10) (9) (8) (7) (6) (5) (4) (3) (2) (1) Pouco cremosa
Saborosa (10) (9) (8) (7) (6) (5) (4) (3) (2) (1) Pouco saborosa

g. **Escala de importância** – é uma escala que avalia a importância de alguns atributos.

Exemplos:

O serviço de restaurante num hotel é:

( ) Fundamental   ( ) Importante   ( ) Sem importância
( ) Muito importante   ( ) Pouco importante

h. **Escala de valores** – são avaliados certos atributos, de ruins a excelentes.

Exemplo:
» O serviço de restaurante do Hotel Inn é:
( ) Ótimo   ( ) Regular   ( ) Péssimo   ( ) Bom   ( ) Ruim

i. **Escala de intenção de compra** – descreve a intenção de compra que o entrevistado tem por um determinado produto.

Exemplo:
» Se houvesse um serviço de lavanderia no hotel, eu:
( ) certamente utilizaria.   ( ) não tenho certeza.
( ) certamente não utilizaria.   ( ) provavelmente utilizaria.
( ) provavelmente não utilizaria.

j. **Escala nominal** – é apresentada uma lista de alternativas independentes na qual o entrevistado escolhe uma ou mais opções.

Exemplo:
» Qual o hotel de sua preferência?
( ) Inn   ( ) Out Hotéis   ( ) Hotel Miragem   ( ) Primo Hotel
( ) Não tenho preferência

k. **Escala ordinal** – as alternativas indicam uma sequência em ordem ou por postos, em que o primeiro item é maior que o segundo, que é maior que o terceiro, e assim por diante.

Exemplo:
» Na escala a seguir, assinale o valor que considera adequado para cada fator de escolha de um hotel: 1 – Importantíssimo 2 – Importante 3 – De regular importância 4 – Pouco importante 5 – Sem importância.
Fatores:
( ) preço ( ) ar-condicionado ( ) lavanderia ( ) restaurante ( ) bar

l. **Escalas comparativas** – são propostas comparações nas quais se avalia o objeto como pior, igual ou melhor.

Exemplo:
- Você considera o atual governo:
    ( ) pior do que o anterior.
    ( ) igual ao anterior.
    ( ) melhor do que o anterior.

m. **Escala de lembrança de marca** – o entrevistado lista o primeiro nome, ou as opções que lhe vêm à cabeça.

Exemplo:
- Quando menciono *hotel*, qual nome lhe vem primeiro à mente?

A seguir, apresentamos algumas orientações a serem observadas para se elaborar um bom questionário (Unopar, 2009):

- cada objetivo específico deve corresponder a uma ou mais questões no questionário;
- questionários por telefone devem ser mais curtos que as entrevistas;
- quando a amostra é grande, devem ser usadas perguntas fechadas de múltiplas alternativas, para facilitar o tratamento estatístico, e também utilizar algumas perguntas abertas para as questões subjetivas;
- os pré-testes devem ser realizados tantas vezes quantas forem necessárias;
- é necessário ter certo cuidado com perguntas pessoais que envolvam, por exemplo, idade e renda; é melhor estabelecer faixas;
- questionários não devem ser extensos e, se possível, deve ser evitado o uso de escalas diferentes e de duas variáveis numa só pergunta;
- a linguagem usada deve ser a da população a ser entrevistada;

> é fundamental o treinamento dos entrevistadores;
> as respostas não devem ser obtidas mediante indução.

Amostra

A amostra é uma parte escolhida do universo ou mercado para a pesquisa ser feita. Na pesquisa qualitativa, a seleção se dá baseada no perfil do público-alvo. Na quantitativa, utilizamos conceitos estatísticos.

Em relação ao número necessário de respondentes, quanto maior for a população, maior será o tamanho da amostra, e quanto menos variada, menor é a amostra necessária; ou seja, quanto mais homogênea, menores os investimentos. Uma amostra homogênea significa a segmentação da população de acordo com, pelo menos, as características demográficas do público-alvo, como idade, sexo, renda, escolaridade, ocupação, localização geográfica etc.

Veja a seguir uma tabela representativa do tamanho da amostra de acordo com o Sebrae (2009) e que pode ser utilizada por qualquer micro, pequena ou média empresa.

Tabela 1 – Tabela determinante do tamanho da amostra

População	Nível de confiança						
	Erro amostral = +/− 3%		Erro amostral = +/− 5%		Erro amostral = +/− 10%	
	Split 50/50	Split 80/20	Split 50/50	Split 80/20	Split 50/50	Split 80/20
100	92	87	80	71	49	38
250	203	183	152	124	70	49
500	341	289	217	165	81	55
750	441	358	254	185	85	57
1000	516	406	278	198	88	58
2500	748	537	333	224	93	60
5000	880	601	357	234	94	61
10.000	964	639	370	240	95	61
25.000	1.023	665	378	243	96	61
50.000	1.045	674	381	245	96	61
100.000	1.056	678	383	245	96	61
1.000.000	1.066	678	383	245	96	61
100.000.000	1.067	683	384	246	96	61

Fonte: Sebrae, 2009.

A tabela indica três níveis de erro amostral: 3%, 5% e 10%. Cada um deles está subdividido em dois níveis de *split* diferentes – o *split* demonstra o nível de variação das respostas na pesquisa, isto é, o grau de homogeneidade da população (Sebrae, 2005, 2009). Assim, um *split* de 50/50 indica muita variação entre as respostas dos entrevistados (população mais heterogênea). Já um *split* 80/20 indica uma menor variação nas respostas (população mais homogênea).

A amostragem pode representar recursos significativos que serão investidos para a solução do problema. A seguir, **apresentamos cada um dos tipos de amostra** de acordo com Mattar (1993).

» **Amostras não probabilísticas**: são selecionadas por critérios subjetivos do pesquisador, não sendo obtidas por meio da utilização de conceitos estatísticos.

» **Amostras não probabilísticas por conveniência**: os elementos da amostra são selecionados de acordo com a conveniência do pesquisador.

» **Amostras não probabilísticas por julgamento**: os elementos da amostra são selecionados pelo pesquisador, que seleciona pessoas que poderão fornecer informações precisas.

» **Amostras não probabilísticas por cota**: o pesquisador procura uma amostra homogênea. A quantidade de pessoas a serem entrevistadas é aleatória e predeterminada.

» **Amostras probabilísticas**: nesse tipo de amostra, todos os elementos da população têm igual probabilidade de serem selecionados. Isso faz com que os elementos sejam selecionados aleatoriamente, sem a intervenção do entrevistador. Esse fato, em termos estatísticos, permite calcular em que medida os valores de variáveis obtidos nas amostras diferem dos valores da população, sendo essa diferença chamada de *erro amostral*. Este resulta exclusivamente do fato de estarem sendo tomadas medidas em uma amostra específica, e não em toda a população.

- » **Amostras probabilísticas simples**: os elementos da população são escolhidos por meio de sorteio. Todos os membros da população têm uma chance igual e conhecida de seleção.
- » **Amostras probabilísticas estratificadas**: a população é dividida em grupos mutuamente exclusivos (tais como grupos etários), e são retiradas amostras aleatórias de cada um desses grupos. Nessa modalidade, os pesos de cada variável considerada na formação do extrato devem ser fielmente refletidos na amostra.
- » **Amostras probabilísticas sistemáticas**: seleciona-se aleatoriamente os entrevistados por meio de um intervalo entre eles, que é obtido pela divisão do universo pesquisado pelo número da amostra. Se o universo for composto por 1.000 clientes e forem entrevistados 100 (dividindo-se 1.000 por 100), isso fará com que, a cada 10 clientes, um seja abordado.

Existem diversas fórmulas de apuração do tamanho da amostra, existindo uma variação de autor para autor.

Pré-teste

Após a determinação da amostra do estudo, é realizado o pré-teste do questionário para ser aplicado em uma porcentagem da amostra, normalmente em 10% do total de casos a serem estudados. Essa atividade tem a finalidade de confirmar se o questionário está adequado aos objetivos do estudo no que se refere à clareza de entendimento pelo entrevistado, bem como o objetivo de avaliar as respostas dadas (Mattar, 1993).

Tabulação e análise dos dados

Normalmente, a análise das informações é feita por meio de representação gráfica. Podem ser utilizadas tabelas, que servem para organizar e tabular os dados, e gráficos, que servem para transmitir as informações de forma mais clara, além de contribuir para uma leitura mais objetiva dos resultados. O objetivo é estabelecer uma representação clara dos resultados finais da pesquisa (Mattar, 1993).

Para facilitar a compreensão dos dados, existem algumas ferramentas estatísticas que devem ser utilizadas, como: média aritmética simples, média aritmética ponderada, moda, mediana, desvio-padrão, variância.

Como o desenvolvimento de conhecimentos ligados à estatística não se constitui no objeto de estudo desta obra, mas sim suas aplicações, sugerimos a consulta a livros e publicações sobre o tema, ou a especialistas na área. A análise é um texto que responde ao problema da pesquisa.

Apresentação dos resultados e recomendações ao cliente

Aqui é desenvolvido um texto que apresentará as respostas aos objetivos de pesquisa. A pesquisa de marketing habilitará o cliente a tomar decisões conscientes com base nas respostas oferecidas pelo mercado, evitando erros.

O pesquisador encerrará a apresentação dos resultados com sugestões seguras para a elaboração de ações mercadológicas. É importante ressaltar que o planejamento dos trabalhos de campo é fundamental para o projeto. É necessária a seleção criteriosa dos entrevistadores e supervisores, bem como seu treinamento. A qualidade do pessoal de campo somada à remuneração adequada auxilia na diminuição de possíveis erros.

Um dos principais objetivos ao se desenvolver uma pesquisa de marketing é a identificação de oportunidades de mercado. É preciso avaliá-las, mensurar e prever o tamanho, o crescimento e o potencial de lucro de cada oportunidade.

As oportunidades de venda são analisadas pelo **departamento de finanças**, que verifica os recursos necessários às operações, pelo **departamento de manufatura**, que define os níveis de capacidade e produção de bens, pelo **departamento de compras**, que adquire o volume correto de suprimentos, e pelo **departamento de recursos humanos**, que contrata o número de operários necessários. A preparação da previsão de vendas é responsabilidade do **departamento de marketing, que analisará as previsões de vendas**.

As previsões de vendas são fundamentadas em estimativas de demanda (Kotler, 2000). Os gestores e os pesquisadores de marketing precisam saber e definir cuidadosamente o que entendem por **mercado** e por **demanda de mercado** para evitar que cometam erros durante uma pesquisa, uma apresentação de campanha ou, até mesmo, uma reunião de diretoria.

Mercado é um conjunto de todos os compradores reais e potenciais de um produto. **Demanda de mercado,** para um produto, é o volume total que seria comprado por um grupo definido de consumidores em determinada área geográfica, em período de tempo definido, em ambiente de marketing definido, sob determinado programa de marketing (Kotler, 2000).

Existem ainda alguns termos técnicos que o gestor deve conhecer para poder atuar no mercado consumidor (Kotler, 2004, p. 142):

- » **Demanda da empresa** – é a sua participação na demanda de mercado em níveis alternativos de seu esforço de marketing.
- » **Previsão de vendas** – é seu nível esperado de vendas, baseado no plano de marketing escolhido e no ambiente de marketing assumido.
- » **Quota de vendas** – a meta de vendas para uma linha de produtos, uma divisão da empresa ou para um vendedor.
- » **Orçamento de vendas** – é uma estimativa conservadora do volume de vendas esperado, que é usado, principalmente, para as decisões de compras, produção e fluxo de caixa.
- » **Potencial de vendas** – é o limite aproximado da demanda da empresa à medida que seu esforço de marketing aumenta em relação aos concorrentes.
- » **Potencial total do mercado** – o volume máximo de vendas que pode estar disponível a todas as empresas de um setor industrial, durante dado período, sob determinado nível de esforço de marketing e condições ambientais.

Quanto maiores forem as informações sobre como está o comportamento da demanda de mercado, maiores serão as chances de a empresa tomar decisões mais adequadas. As empresas calculam a demanda analisando seus históricos de vendas. Mas esse cálculo deve incluir também as informações sobre o mercado, fazendo da pesquisa um instrumento indispensável à criação de uma vantagem competitiva sustentável.

Estudo de caso

Grupo Y.

O Grupo Y. fez uma opção de atender preferencialmente aos pobres, criando a maior rede varejista do Pará. Fundada por um imigrante japonês há 50 anos, o grupo pratica o seguinte lema: "Pobres e ricos, todo mundo faz compras aqui". Num prédio de 5 andares, pessoas entram e saem da loja no centro de Belém, carregando desde roupas, comida e até eletrônicos. O volume de vendas aumentou, em média, 35% ao ano. Comparados aos 62 milhões em 1996, a receita atingiu 400 milhões em 2000.

Pipoqueiros, feirantes, flanelinhas, manicures, empregadas domésticas, ambulantes e outros representantes da economia informal são os responsáveis por essa explosão nas vendas. Para ter crédito em uma das 23 lojas do Grupo Y. em Belém e em outras 6 no interior do estado, os clientes não precisam estar empregados ou ter uma fonte de renda segura e estável. Integrantes da economia informal eram ignorados pelas grandes cadeias do varejo e passaram a ter tratamento *vip* no Grupo Y. Cerca de 70% da clientela da empresa é formada por subempregados e pessoas de baixa renda. A empresa inventou maneiras para facilitar o acesso da população ao consumo e seu grande diferencial para atrair os consumidores é o Cartão Y., que responde por quase 80% do faturamento das lojas. Dos seus 700 mil clientes cadastrados, mais de 600 mil são usuários do cartão. Desse total, 70% pertencem à classe C.

A empresa possui um pequeno exército de informantes, especializados em 15 distritos da cidade, que a municia com os dados necessários à tomada de decisão sobre a conveniência ou não de vender a prazo para esta ou aquela pessoa. Isso está aliado a um sistema de análise de crédito que permite ao Grupo Y. aprovar ou recusar uma ficha do cliente em, no máximo, 15 minutos.

Um guardador de carros, ao abrir um crediário, precisa mostrar sua capacidade de honrar as prestações previstas no contrato. Assim, a empresa avalia o ponto onde o flanelinha trabalha para verificar como anda o movimento de carros na área. Para dar crédito a uma empregada doméstica, a empresa liga para sua patroa. Com uma inadimplência por volta de 4%, a empresa procura entender o cliente, alargando os prazos de pagamento, perdoando alguma parcela de juros. Além disso, o Grupo Y. lançou um seguro contra morte, invalidez permanente e/ou perda de renda que, havendo algum problema, arca com o valor das prestações que ficaram sem ser pagas...

O Grupo Y. trabalha com detalhes que fazem a diferença, como a instalação, em diversos pontos das lojas, de bancos semelhantes aos que encontramos em praças, para que o cliente possa descansar no meio das compras, se quiser. Além disso, o Grupo Y. também disponibiliza carrinhos elétricos para facilitar o deslocamento de pessoas idosas e, até mesmo, realiza uma festa-surpresa para quem faz aniversário no dia da compra.

Fonte: Adaptado de Caixeta, 2000.

Com base no caso exposto, procure responder:

1. O monitoramento de mercado é essencial. De que maneira ele se dá no Grupo Y.?
2. "O valor da informação está diretamente ligado à maneira como ela ajuda os tomadores de decisões a atingirem as metas da organização" (Stair, 1998, p. 5). Como essa informação auxilia o Grupo Y.?
3. As empresas necessitam de um sistema de informações mercadológicas que as auxiliem a entender seus mercados e a antecipar cenários. Vimos que o Grupo Y. possui um SIM que o auxilia a entender seus mercados e antecipar cenários. O que é um SIM?
4. Em relação às metodologias de pesquisa, qual a importância da realização de uma pesquisa **qualitativa** antes da **quantitativa**?
5. De que maneira a pesquisa de marketing auxilia o Grupo Y. a entender as mudanças do mercado para enfrentar a alta competitividade vivida no mundo atual?

Síntese

A informação é o insumo básico do processo de planejamento de marketing, que se inicia com a realização de pesquisas de marketing. O objetivo é fornecer a informação necessária, tanto interna quanto externa, para que os profissionais de marketing possam tomar decisões.

Devido à alta competitividade, as empresas passaram a buscar alternativas para enfrentar a concorrência crescente. A velocidade das informações leva as empresas a adotarem uma postura proativa, a fim de conquistar uma vantagem competitiva perante os concorrentes. Mas isso só é possível com conhecimento profundo do mercado e do cliente, fazendo da pesquisa uma das principais ferramentas estratégicas do marketing, fornecendo subsídios relevantes e confiáveis, agregando valor ao negócio e reduzindo os custos e os riscos.

Questões para revisão

1. Quando uma empresa tem conhecimento do seu mercado, de seus ambientes e de seus consumidores, podemos chamar isso de *competitividade*. Justifique essa afirmativa.
2. O que é uma vantagem competitiva?
3. Para monitorar seus ambientes, as empresas necessitam de um Sistema de Informações Mercadológicas (SIM) que as auxilie a entender esses mercados e antecipar cenários. Sobre o SIM, assinale a alternativa correta:
   a. É um sistema composto por pessoas, equipamentos e procedimentos.
   b. O objetivo é coletar dados e selecionar aqueles relevantes.
   c. É preciso distribuir os dados de acordo com as necessidades dos tomadores de decisões em marketing.
   d. Apenas as alternativas b e c estão corretas.
   e. Todas as alternativas estão corretas.

4. A pesquisa é um dos componentes do SIM. Qual das alternativas abaixo apresenta as principais etapas de uma pesquisa?
   a. Definição do problema, desenvolvimento do projeto, coleta e análise das informações e apresentação dos resultados.
   b. Análise das informações, desenvolvimento do projeto, definição dos objetivos da pesquisa, coleta de informações e apresentação dos resultados.
   c. Coleta e análise das informações, desenvolvimento do projeto, apresentação dos resultados.
   d. Definição do problema e objetivos da pesquisa, desenvolvimento do projeto, coleta e análise das informações e apresentação dos resultados.
   e. Nenhuma das alternativas.

5. A pesquisa de marketing auxilia a empresa a entender as mudanças do mercado para enfrentar a alta competitividade que se vive no mundo atual. Em relação a essa afirmação, é correto dizer que:
   a. a pesquisa ajuda os gestores a entenderem as tendências e alterações de comportamento.
   b. a pesquisa auxilia na identificação de novas oportunidades de mercado.
   c. por meio de pesquisas é possível buscar respostas e soluções para problemas enfrentados.
   d. a pesquisa auxilia na busca pela competitividade empresarial.
   e. Todas as alternativas estão corretas.

Para saber mais

Os leitores interessados em aprofundar conceitos sobre pesquisa de marketing podem consultar a seguinte obra:
MALHOTRA, N. K. *Pesquisa de marketing*: uma orientação aplicada. 3. ed. Porto Alegre: Bookman, 2001.

capítulo 5
elaboração do plano de marketing

Conteúdos do capítulo

» Planejamento de marketing.
» Análise de mercado.
» Composto de marketing.

Após o estudo desse capítulo, você será capaz de:

1. elaborar um plano de marketing;
2. desenvolver análises de mercados;
3. estabelecer estratégias do *mix* mercadológico.

Um plano de marketing tem por objetivo identificar as oportunidades que o mercado oferece à empresa. Para Las Casas (2007), o plano deve estabelecer objetivos, metas e estratégias do *mix* de marketing a fim de tirar proveito dessas oportunidades.

O plano de marketing acontece em nível tático, gerencial. A empresa elabora seu planejamento estratégico e, depois, cada uma das áreas elabora um plano tático. Para Churchill Junior e Peter (2000, p. 86), o planejamento tático consiste na "criação de objetivos e estratégias destinados a alcançar metas de departamentos específicos ao longo de um intervalo de tempo médio". Vamos então examinar os passos de um **plano de marketing**, sem esquecermos de que todo ele deve estar baseado em pesquisas.

Neste capítulo vamos abordar um modelo de plano de marketing que contempla os seguintes passos: missão da organização, análise de mercado, análise da situação atual, Matriz SWOT, objetivos de marketing, estratégias do composto de marketing, plano de ação, monitoramento e controle.

A seguir, vamos acompanhar essas etapas e suas características.

Missão da organização

O primeiro passo de um plano de marketing é a **declaração da missão da empresa**. Ela está diretamente ligada aos objetivos institucionais, na medida em que representa a razão de ser da empresa. É com base nela que os departamentos desenvolverão seus planos, seus documentos de estruturação das ações a serem implantadas para auxiliar a empresa no cumprimento de sua missão, seus objetivos e suas metas.

Além de ser compreendida por todos os membros da organização, **a missão da empresa deve também responder às seguintes questões**:

» O que a empresa faz?
» Para quem faz?
» Por que faz?
» Como faz?
» Onde faz?
» Qual a sua responsabilidade com a comunidade?

A seguir, vamos conferir um exemplo fictício:

"A missão da empresa é produzir lentes de alta tecnologia, valorizando a qualidade de vida de nossos clientes e contribuindo para o crescimento socioeconômico da região em que atuamos."

Um dos maiores objetivos da missão é a definição das estratégias que vão orientar as ações da empresa, para que haja convergência de metas e foco da força de trabalho e dos investimentos nos reais objetivos. Quando a empresa sabe exatamente aonde quer ir, como quer ir e por que pretende ir, as chances de sucesso são muito maiores.

Para tanto, é necessário que a empresa tenha o entendimento do mercado no qual está inserida, englobando consumidores, clientes, concorrentes, produtos e serviços e demais informações que impactam direta ou indiretamente sobre as decisões.

Análise de mercado

Na etapa de **análise de mercado**, o profissional deve fazer um estudo detalhado do setor, buscando identificar as tendências principais. A tendência, ao contrário da moda, é um processo contínuo e durável, uma sequência de eventos que podem ser determinados pelo mercado ou pela própria indústria (Kotler, 1998).

Dessa análise fazem parte estudos dos ambientes empresariais. Toda empresa está inserida em um ambiente que está constantemente exercendo forças sobre elas e que não podem ser controladas. Compreender e controlar os impactos que essas forças causam é um dos maiores desafios empresariais.

Assim, o diagnóstico auxilia na compreensão dessas forças, auxiliando as empresas a se precaverem e a identificarem tendências do setor em que atuam.

Análise da situação atual ou diagnóstico de marketing

O diagnóstico de marketing prevê um estudo de dois ambientes da empresa: um **interno** e outro **externo**.

A **análise do ambiente externo** identifica as oportunidades que a empresa pode aproveitar e as ameaças que devem ser minimizadas. Para apoiar esse estudo, duas ferramentas podem ser utilizadas: a **Análise PEST** e o **Modelo das Cinco Forças de Porter**.

> A **Análise PEST**, conforme Bethlem (2002), tem como objetivo entender fatores geradores de mudanças relevantes para a atividade da empresa e a antecipação de ameaças e oportunidades:
>
> » **P (variáveis políticas)** – busca ter conhecimento dos aspectos políticos e legais do ambiente. São variáveis como mudanças na legislação,

impactos tributários, legislação trabalhista, estabilidade política, regulamentações ambientais, incentivos à exportação ou importação, incentivos fiscais, entre outros.

» **E (variáveis econômicas)** – nessa análise são levantados números sobre o cenário econômico, como informações sobre taxas de juros, inflação, taxas de câmbio, aumento do poder de compra, fusões e aquisições, cuja tendência será avaliada posteriormente.

» **S (variáveis sociais)** – sociedade e cultura impactam fortemente os negócios. Os aspectos a serem analisados aqui podem abranger a transformação da família, as taxas de violência, a taxa de crescimento e envelhecimento da população, o comportamento do consumidor, a religião, a busca por qualidade de vida, entre outros.

» **T (variáveis tecnológicas)** – todo negócio depende de uma estrutura tecnológica mínima. Alguns fatores a serem estudados são as telecomunicações, a internet, a automação e os novos materiais, entre outros.

Outro método utilizado para a análise do ambiente externo é o **Modelo das Cinco Forças**, elaborado por Michael Porter (2004). Para ser competitiva em determinado segmento, a empresa deve decidir a sua estratégia com base na identificação dos seus clientes-alvo e no conhecimento da atratividade da estrutura do setor em que atua. Para alcançar esse conhecimento, Porter sugeriu o **estudo de cinco forças** para que uma empresa encontre uma posição que permita se defender das mesmas ou utilizá-las a seu favor.

O **Modelo das Cinco Forças** é composto da seguinte forma (Porter, 2004):

» **Entrada de novos concorrentes** – avalia a possibilidade da entrada de novos competidores no mercado. São analisados fatores como investimentos necessários em infraestrutura e crédito, marcas, fidelidade de clientes, tamanho das empresas, saturação do mercado, entre outros.

» **Rivalidade entre concorrentes** – a rivalidade intensa é fruto de fatores como o número de concorrentes com relativo equilíbrio em termos

> de tamanho e recursos, do lento crescimento do setor, da disputa de preços, da ausência de diferenciação da oferta, entre outros.
>
> » **Poder de negociação dos clientes** – fatores relacionados à facilidade que o cliente tem para trocar de fornecedor ou barganhar o preço e às condições de pagamento e fornecimento, como a presença de muitos produtos ou serviços atendendo ao mesmo segmento, baixos custos adicionais para troca de fornecedores, tornarão fácil para o cliente a troca de fornecedor.
>
> » **Poder de negociação dos fornecedores** – nesse critério é avaliado o grau de concentração de fornecedores, seu tamanho, sua marca e seu custo de mudança, para determinar seu poder de barganha.
>
> » **Produtos substitutos** – aqui, buscam-se informações necessárias para a análise da possibilidade de produtos ou serviços similares atenderem às necessidades dos atuais clientes da empresa, levando-se em consideração questões como custo de troca do velho pelo novo.

O cruzamento dessas informações apontará o impacto de cada uma dessas forças e determinará a atratividade do setor.

Já a **análise do ambiente interno** levanta as competências da empresa e aponta seus pontos fortes, em comparação com os concorrentes, e seus pontos fracos, que impedem a empresa de aproveitar as oportunidades de mercado. Nessa etapa são analisadas as áreas funcionais de marketing, produção, finanças e recursos humanos. A seguir, alguns fatores que devem ser analisados: equipe de funcionários, marca, capilaridade, tecnologia, economia de escala, recursos financeiros abundantes, processos, custos, qualidade de produto, parcerias, investimento em comunicação, entre outros (Oliveira, 1993).

A Matriz SWOT (já abordada no terceiro capítulo) recapitula o resultado das análises interna, da análise PEST e o modelo das Cinco Forças, cruzando as forças e fraquezas com as oportunidades e ameaças, para entender as tendências e buscar a geração de valor.

É necessário que os profissionais entendam a empresa e sua trajetória ao elaborar o plano de marketing. Para isso, essa fase servirá para que se faça uma análise do desempenho da organização nos últimos anos, que deverá examinar indicadores de desempenho internos, como evolução das vendas, margens de lucro, lucro líquido, tecnologias, *mix* de marketing atual, relacionamento com clientes e fornecedores, entre outros.

Objetivos de marketing

Os **objetivos de marketing** são planos para os quais devem convergir todos os esforços de marketing. Esses objetivos definem as metas, os alvos específicos a serem alcançados e por meio dos quais se faz a avaliação do desempenho da empresa. Além disso, devem amparar as políticas empresariais. Esses objetivos são **quantitativos** e **qualitativos**.

Veja alguns exemplos de **objetivos quantitativos**:

» Conquista de 3% do mercado de curitiba (quantitativo).
» Vender 10 mil unidades por mês até o final do semestre (quantitativo).

Alguns exemplos de **objetivos qualitativos**:

» Propiciar atendimento personalizado a todos os clientes.
» Ser uma das marcas mais lembradas em seu mercado de atuação.

Para cada objetivo, há estratégias relacionadas. Elas definem **o que será feito** e **como serão alocados os recursos necessários**. O plano de marketing é desenhado por estratégias que ajudarão a empresa a atingir seus objetivos de marketing.

Estratégias do composto de marketing

Essa é a fase na qual são definidas as principais estratégias a serem seguidas, para que seja possível atingir os objetivos de mercado. As estratégias de marketing se tornam planos de ação, ou planos táticos, que devem expor o maior número possível de detalhes, envolvendo todos os elementos que compõem o *mix* de marketing. Esses elementos estão descritos a seguir.

Público-alvo

É preciso traçar o **perfil do público** a ser atingido. Normalmente, esse público é um **segmento do mercado** pretendido – e segmento é um grupo de **consumidores com características semelhantes**.

O **segmento específico** é chamado de *mercado-alvo* ou *target*. Dependendo dos objetivos da empresa, ela pode atender a vários segmentos. O importante é que essa definição de propósitos esteja bem nítida (Kotler, 1998).

A segmentação pode ocorrer de várias maneiras, como veremos a seguir:

> » **Demográfica** – sexo, idade, renda, ocupação, nível de escolaridade.
> » **Geográfica** – localização geográfica (bairros, regiões), variações climáticas, entre outros.
> » **Psicográficas** – estilo de vida, grupos de participação, como clubes, igrejas, tribos etc.

Diferenciação e posicionamento

O **posicionamento** é baseado no diferencial oferecido ao mercado. A **diferenciação** é o ato de desenvolver um conjunto de diferenças significativas para distinguir a oferta da empresa da oferta da concorrência (Kotler, 1998). O diferencial competitivo é o que fará a empresa sobreviver em um mercado no qual, cada vez mais, produtos e serviços adquirem os mesmos atributos, dificultando a escolha entre um ou outro.

> **Como se diferenciar?** A seguir, apresentamos alguns atributos que podem se constituir em diferenciais:

- » **Produtos** – desempenho, estilo, padrão, *design*, manutenção, durabilidade, confiabilidade, conformidade, facilidade de conserto/reparo.
- » **Serviços** – facilidade, rapidez, entrega, treinamento, orientação ao cliente, instalação, treinamento do consumidor, serviço de consultoria ao consumidor, manutenção e conserto, serviços diversos.
- » **Formas de pagamento** – parcelamento, crediário.
- » **Pessoas** – competência, cortesia, credibilidade, prontidão, comunicação.
- » **Canal** – cobertura, experiência.
- » **Imagem** – símbolos, personalidade, mídia, credibilidade, experiência.

A oferta de produtos e serviços de uma empresa deve ser percebida pelo público-alvo como um pacote de valores com os quais ele se identifica e pelos quais anseia. Ries e Trout (1993) afirmam que o posicionamento não é o que se faz para um produto, é o que se faz na mente do comprador potencial.

Dessa forma, o posicionamento consiste em se colocar o produto ou a imagem da empresa em uma posição competitiva na mente do consumidor, de modo que este reconheça sua superioridade em relação aos concorrentes (Kotler, 1998).

Existem **diferentes estratégias de posicionamento** que podem levar a uma vantagem competitiva sobre os demais concorrentes (Ries; Trout, 1993):

- » **Por atributo** – o produto é posicionado como líder em determinado atributo.
- » **por uso/aplicação** – o produto é o melhor para algum uso ou aplicação.
- » **por benefício** – o produto é posicionado como líder em determinado benefício.
- » **por usuário** – o produto é o melhor para algum grupo de usuários.
- » **por categoria de produto** – o produto é posicionado como líder de determinada categoria de produto.

> **Por qualidade/preço** – o produto é posicionado como aquele que oferece o maior valor, ou seja, maior qualidade pelo maior preço e vice-versa.

O posicionamento cria uma razão convincente para o mercado-alvo comprar o produto. Todos os produtos podem ser diferenciados, mas nem todas as diferenças são significativas o suficiente para valerem a pena tanto economicamente, para a empresa, quanto no que se refere à realização de desejos e necessidades dos consumidores, a ponto de trocarem um produto por outro.

Produto

Entre outras atribuições, o profissional de marketing é também responsável pelo desenvolvimento de novos produtos ou serviços, pela inovação dos existentes e pelo ciclo de vida destes. Um produto (tangível) ou serviço (intangível) não é apenas a oferta de uma empresa em um mercado para satisfazer a necessidades e desejos de consumidores, é o pacote de benefícios e atributos percebidos pelo consumidor.

> As estratégias de produto envolvem, entre outros, os seguintes elementos e aspectos (Ries; Trout, 1993):
> » **Elaboração de suas características e seus benefícios** – o produto ou serviço deve ter características que despertem desejo ou necessidade no consumidor final.
> » **a escolha de marca e *slogan* adequados** – a marca é um nome, um símbolo, um desenho que deve identificar os produtos ou os serviços de uma empresa, diferenciando-a da concorrência. já o *slogan* é uma frase curta, de impacto, que busca convencer o consumidor de forma rápida.
> » **qualidade** – para o consumidor, qualidade significa um produto melhor do que o dos concorrentes.
> » **garantias** – contra defeitos, inconformidades, e para a reposição de peças, consertos etc.

- » *design* – aparência do produto para comunicá-lo com o mercado.
- » **rótulo** – especifica a composição do produto, as formas de uso, os cuidados ou as precauções e as informações gerais. deve classificar, descrever e promover o produto.
- » **embalagem** – a embalagem auxilia no reconhecimento da empresa ou da marca. quando é inovadora, ela pode trazer benefícios para os consumidores e lucros para os fabricantes.
- » **linha de produtos** – adicionar novas linhas de produtos, ampliando a abrangência do *mix* de produtos.
- » **serviços oferecidos** – instalação, SAC (Serviço de Atendimento ao Consumidor), assistência técnica, montagem.
- » **Atendimento** e demais especificidades que garantam a satisfação do consumidor da empresa.

O **produto** é a essência de toda organização. Isso inclui as decisões estratégicas em relação aos atributos físicos do produto, que precisa ser desenvolvido de maneira a se relacionar com a satisfação das necessidades do consumidor. Um consumidor não compra "apenas" um produto ou um serviço. Ele compra os atributos oferecidos, os valores intangíveis do bem tangível e seus benefícios (Cobra, 1994). Por exemplo: ao comprar um CD, o consumidor busca o prazer de ouvir música.

Preço

Em relação ao preço, o profissional de marketing deverá desenvolver as políticas de preço baseadas no estudo de mercado, nos tipos de financiamento que deverão ser oferecidos e nas margens previstas de contribuição e de retorno sobre o investimento, de descontos e de prazos oferecidos. O marketing, por meio do plano, deverá comparar os próprios preços praticados com os da concorrência e estabelecer a estratégia que possibilitará à empresa competir.

O **preço**, em mercadologia, não está baseado apenas em custos mais *markup* (percentuais de vendas), mas, sim, em **estratégia**. A prática estará diretamente relacionada ao público que se deseja atingir e ao posicionamento adotado.

Por meio da determinação de preços, Kotler (2004) afirma que uma empresa pode ter um dos cinco objetivos a seguir.

1. **Sobreviver** – esse é um objetivo de curto prazo. Para continuar no mercado, a empresa deverá aprender a agregar valor no longo prazo.
2. **Maximizar o lucro atual** – avalia-se a estimativa da demanda e dos custos ligados a preços alternativos. A escolha do preço é o elemento que maximizará o lucro, podendo sacrificar o desempenho de longo prazo.
3. **Maximizar a participação de mercado** – um maior volume de vendas leva a custos unitários menores e a maiores lucros no longo prazo.
4. *Skimming* **máximo** – preços altos para extrair o máximo da camada mais alta antes de baixar os preços para atender aos demais níveis.
5. **Liderança na qualidade do produto** – ênfase na qualidade superior dos produtos por meio da fixação de preços altos.

A estratégia de preço deve ser definida com base nas informações de mercado, ou seja, quanto o consumidor pode e está disposto a pagar pelo produto ou serviço. É claro que a empresa deve considerar seus custos de entrega do produto, mas o que determinará um preço competitivo será o equilíbrio entre o valor percebido pelo cliente e o preço cobrado.

A empresa poderá adotar os seguintes **métodos para a determinação de seus preços**, de acordo com Kotler (1998):

» **Preço de *markup*** – o método mais comum de determinação de preço é adicionar um *markup* padrão ao custo do produto (porcentagem sobre o custo). Os *markups* sobre o custo são geralmente maiores em itens sazonais (para cobrir o risco de não venderem) e não levam em consideração demanda atual, valor percebido e concorrência.

» **Preço de retorno-alvo** – determinação do preço que renderia a taxa-alvo de **ROI** (retorno sobre o investimento). Esse retorno será efetivo após atingir um determinado volume de unidades vendidas.

> A sigla ROI tem origem no idioma inglês: *return on investment*.

» **Preço de valor percebido** – percepções de valor dos clientes são empregadas como base para a determinação de preços. Esse método utiliza outros componentes do *mix* de marketing para aumentar o valor percebido pelo consumidor (como propaganda e força de vendas). A chave para a determinação de preços com base no valor percebido é determinar com precisão a percepção do mercado relativa ao valor da oferta.

» **Preço de valor** – preço relativamente baixo para uma oferta de alta qualidade (alto valor para os consumidores). É a prática de "preços baixos todos os dias" (**EDLP**), na qual não há descontos temporários.

> A sigla EDLP tem origem no idioma inglês: *everyday low pricing*.

» **Preço de mercado** – preço orientado em grande parte pelos preços dos concorrentes (característica dos setores que vendem *commodities*).

» **Preço psicológico** – muitos consumidores utilizam o preço como indicador de qualidade. É especialmente eficaz com produtos que apelam para a vaidade das pessoas (perfumes, carros de luxo etc.).

» **Preço de licitação** – preços baseados em expectativas de como os concorrentes determinarão seus próprios preços. Utilizar o lucro esperado para determinar o preço é um método coerente para uma empresa que participa de muitas licitações.

As empresas, quando do lançamento de novos produtos, ainda podem adotar estratégias de preço com base na qualidade, como demonstra o quadro a seguir..

Quadro 5 – Estratégias de preço em relação à qualidade do produto

	Preço alto	Preço médio	Preço baixo
Qualidade alta	1 – Preço premium	2 – Alto valor	3 – Supervalor
Qualidade média	4 – Preço excessivo	5 – Valor médio	6 – Valor bom
Qualidade baixa	7 – Assalto ao cliente	8 – Falsa economia	9 – Economia

Fonte: Kotler, 1998.

Com a estratégia *premium*, por exemplo, a empresa quer dizer ao consumidor que, por oferecer alta qualidade no produto, cobra um preço mais alto por ele. O seu oposto aponta a estratégia de "economia", na qual o preço baixo caracterizará um produto de baixa qualidade.

Ponto de venda

A distribuição, ou o ponto de venda, trata da disponibilidade de estoque, armazenagem e logística interna necessária, bem como da escolha dos melhores pontos de venda, dos canais de distribuição, do transporte e do relacionamento com esses canais. Cavanha Filho (2001, p. 28) define a logística como "a obtenção dos produtos certos, no lugar certo, no momento certo, ao menor custo". Essa diferenciação competitiva está ligada ao modo como a empresa coloca o produto à disposição do cliente.

Na indústria, o ponto de venda trata da logística de distribuição, da armazenagem dos produtos e dos cuidados para que estes não faltem nas prateleiras das lojas e também do tempo de entrega, ou *lead time*, para os pontos de venda. É um processo complexo que demanda decisões estratégicas sobre estoque e movimentação de produtos e serviços que atendam às exigências do consumidor.

A **eficácia da distribuição** pode ser medida pelos custos de produtos e serviços e pela satisfação do consumidor. São necessárias medidas que façam com que a distribuição não represente altos custos para a empresa. "É o produto certo, no lugar certo e na hora certa" (Christopher, 1997, p. 7) e ao menor custo.

Percebemos que algumas importantes decisões devem ser tomadas em relação à logística de mercado. Veja a seguir quais são elas, de acordo com Christopher (1997):

> » De que forma reduzir o tempo gasto entre a entrada do pedido até sua entrega?
> » Onde os estoques devem ser mantidos para que os produtos sejam entregues o mais rápido possível?
> » Qual é o nível de estoque que deve ser mantido? O custo de estoque aumenta à medida que o nível de serviços ao cliente se aproxima de 100%.
> » Como os produtos devem ser despachados? São cinco os meios de transporte disponíveis: ferroviário, aéreo, rodoviário, marítimo/fluvial ou por tubulações (dutos). Qualquer uma dessas opções afeta o preço dos produtos, a pontualidade da entrega e as condições dos produtos ao chegarem ao seu destino.
> » Como deve ser a embalagem.

As respostas a essas perguntas poderão identificar medidas para a diminuição do ciclo, desde o pedido até o recebimento do produto pelo cliente, oferecendo diferenciais competitivos em relação aos concorrentes.

No varejo, o ponto de venda trata do ambiente físico, dos equipamentos utilizados, da tecnologia envolvida e da adequação desses elementos às necessidades dos clientes (Rabaca; Barbosa, 1996). Visual da fachada, boa iluminação, interior das lojas, gôndolas, prateleiras, circulação e comunicação visual são aspectos que podem despertar o desejo dos consumidores em adquirir determinados produtos e serviços. Cobra (1991) diz que a comunicação visual envolve embalagens, organização interna e externa das lojas, disposição de cores, intensidade de luz e é o conjunto das atividades de *design* que vai proporcionar formas condizentes à proposta da empresa, gerando uma identidade visual.

Comunicação integrada

A comunicação integrada de marketing (ou "P" de promoção) trata da comunicação da empresa com seus mercados. No composto promocional, todas as ações de marketing são coordenadas para criar uma imagem unificada para a organização e seus produtos, tornando-se fator indispensável na busca pela competitividade empresarial (Boone; Kurtz, 1998).

Com o auxílio de uma agência de comunicação, o profissional de marketing deverá analisar quais as melhores ferramentas a serem utilizadas entre, por exemplo, propaganda, relações públicas e publicidade, promoção de vendas, *merchandising*, marketing direto, força de vendas, mídias alternativas e internet. Também deverá avaliar as mídias atuais e buscar novas opções, estudar quais são as melhores agências, pesquisar a relação custo *versus* retorno, realizar pesquisas de marketing e examinar os resultados das campanhas, o retorno financeiro e o de imagem (institucional). A seguir, vamos conhecer essas ferramentas.

Propaganda

A **propaganda** é uma forma de comunicação paga, impessoal, que identifica o patrocinador e utiliza veículos de mídia para promover produtos ou serviços junto a um público-alvo definido (Kotler, 1998, p. 538). Essa é a principal forma de venda em massa. As mídias que a compõem são: televisão, rádio, jornal, revista, cinema e *outdoor*.

Para Las Casas (1997a), a propaganda é de extrema importância para a comunicação integrada de marketing, pois, por meio dela, a empresa pode criar lealdade à marca, estimular demanda, lançar novos produtos e criar uma imagem de credibilidade, entre outros. Vamos entender cada uma dessas mídias.

> » **Televisão**: é uma mídia audiovisual que atinge todos os segmentos de público. Com apelos emocionais e racionais, dita moda e comportamento. Tem flexibilidade geográfica e tem um alto e rápido alcance no público.

- » **Rádio**: a linguagem é íntima e local, com forte apelo à imaginação do público. Tem cobertura regional, baixo alcance por emissora e audiência pulverizada. Propicia frequência de exposição e atinge diversos tipos de público.
- » **Jornal**: é uma mídia seletiva, de impacto informativo, imediatista e perecível. Tem maior concentração nas classes A, B e C.
- » **Cinema**: de presença urbana, concentra o público jovem das classes A e B. Possui alto impacto devido ao nível de atenção e ao envolvimento emocional que proporciona. Tem baixo e lento alcance.
- » *Outdoor*: é uma mídia compulsória, de característica urbana. De alto impacto, necessita de mensagens objetivas. Com caráter exclusivamente publicitário, propicia alto nível de atenção.
- » **Revista**: é uma mídia dirigida, seletiva, de impacto informativo e um pouco menos perecível do que o jornal. Sua concentração é nas classes A e B.

Selecionar a mídia correta requer um estudo sobre o consumidor e isso não é tarefa fácil. Quando a empresa não conhece seu público-alvo, ela poderá desperdiçar recursos em mídias ineficazes, ou seja, que não falarão com seu cliente. A melhor mídia é aquela que chega ao cliente e oferece as informações das quais ele precisa. Mas existem outras ferramentas de comunicação que podem auxiliar as empresas. Vamos continuar a estudá-las a seguir.

Relações públicas

As **relações públicas** são uma forma de gerenciamento de comunicação que busca influenciar sentimentos, opiniões ou crenças dos clientes. Assim, a realização de eventos, a confecção de relatórios anuais e o gerenciamento de imagem podem ser usados por um departamento de relações públicas. É uma atividade que busca influenciar a opinião popular em favor da instituição e de seus produtos e serviços.

Esse departamento é responsável pelo acompanhamento da imagem empresarial e os veículos de comunicação são essenciais em suas estratégias, pois exercem forte influência sobre pensamentos e opiniões das pessoas. São ações de relações públicas a organização e elaboração de *press releases*, de *press kits*, da assessoria de imprensa, do patrocínio de eventos e de coletivas de imprensa, entre outras.

As relações públicas representam o relacionamento e a comunicação entre empresa e seus vários públicos, os quais incluem consumidores, fornecedores, acionistas, empregados, governo, público em geral e sociedade na qual a empresa opera (Boone; Kurtz, 1998). Elas criam uma atitude positiva em relação a um produto ou empresa por acentuar a credibilidade deles. Nickels e Wood (1999) afirmam que esse elemento do composto promocional avalia as atitudes dos grupos de interesse utilizando comunicações não pagas (publicidade) por meio da inserção de notícias (*releases* enviados à imprensa) e patrocínios de eventos, entre outros, para construir relacionamentos duradouros e agregar credibilidade à marca ou ao produto.

Czinkota (2001, p. 365) afirma que "a prática de promover os interesses de uma empresa e suas marcas associando-se a um evento ou a uma causa caritativa" por meio de patrocínio também é uma ação de relações públicas, produzindo publicidade positiva para a empresa. Assim, essa exposição nas mídias resulta do trabalho de relações públicas e é provocada pela veiculação de notícias que não são pagas pela empresa.

Promoção de vendas

A **promoção de vendas** reúne ferramentas de incentivo como cuponagem, sorteios, brindes, entre muitas outras. O objetivo é estimular a compra mais rápida. As vantagens desse método estão na produção de uma resposta imediata do consumidor, pois as promoções servem de atrativos e têm como consequência um aumento nas vendas em curto prazo. Essas promoções estimulam a compra por meio da oferta de benefícios adicionais, objetivando promover vendas imediatas de um produto – daí o nome *promoção de vendas* (Czinkota, 2001).

A promoção de vendas é um "incentivo de valor de curto prazo oferecido para aumentar o interesse pela compra de determinado produto ou serviço" (Berkowitz et al., 2000, p. 224). Pode ser direcionada ao consumidor final – dando suporte à propaganda e à venda pessoal da empresa –, bem como ao intermediário – por meio de abatimentos, descontos, propaganda cooperada e treinamento da equipe de vendas do distribuidor.

> A promoção de vendas pode ser dirigida tanto ao consumidor como ao fornecedor, ou à força de vendas. Sua estratégia inclui recursos como (Berkowitz et al., 2000):
> » distribuição de amostras gratuitas (*sampling*) ou *blitz*;
> » promotoras em pontos de venda;
> » "chilincar" (unir, colar a amostra em outro produto, embalar juntos) uma amostra do novo produto em outro produto da mesma linha;
> » fechar parcerias com produtos não conflitantes e que favoreçam a introdução de valor ao seu produto novo;
> » preço promocional;
> » "*plus*" (um pouco mais de produto pelo mesmo preço);
> » vales-brinde;
> » prêmios, concursos;
> » descontos.

Podemos verificar que a promoção de vendas pode gerar efeitos muito positivos no processo de estímulo à compra pelo consumidor e, aliada a ações de ponto de venda, auxilia as empresas a competir no mercado. Borges (2001, p. 18) afirma que "o mercado já percebeu que a grande batalha competitiva, hoje, está sendo travada nas prateleiras, nas pontas de gôndolas, nas ilhas, nos corredores e *check-outs* (caixas de pagamento) do varejo". Ações no ponto de venda aumentam o tráfego nas lojas e, consequentemente, o *ticket* médio (valor médio de vendas de determinado estabelecimento), e a essas ações damos o nome de *merchandising*.

Estratégias de *merchandising* são facilmente identificadas no varejo. Para Las Casas (1997a, p. 260), o *merchandising* é um instrumento de promoção do produto no ponto de venda com o objetivo de influenciar o processo de decisão de compra. Ele busca a colocação no mercado do produto ou do serviço certo, na quantidade certa, no preço certo, no tempo certo, com o impacto visual adequado e na exposição correta.

O *merchandising* é muito importante na questão da existência das compras frequentes de uma série de produtos e serviços nos pontos de venda. Estudos de Kotler (1998) demonstram que grande parte das compras se dá por impulso. A entidade The Global Association for Marketing at Retail (especializada no estudo de comunicação no ponto de venda/*merchandising*) realizou uma pesquisa em 2005 que apontou como resultado que 85% das decisões de compra de uma determinada marca são efetuadas no ponto de venda (Popai, 2010).

Dessa maneira, a ferramenta vem ganhando destaque no composto promocional. O *merchandising*, para Las Casas (1997a), compreende "um conjunto de operações táticas efetuadas no ponto de venda, com impacto visual adequado e na exposição correta".

> **São operações de** *merchandising* (Las Casas, 1997a, p. 260), entre outras:
> » comunicação adequada nos lugares de venda;
> » amostragem e demonstração dos produtos no ponto de venda;
> » verificação da data de validade dos produtos;
> » verificação dos níveis de estoque;
> » exposição e apresentação adequadas dos produtos;
> » verificação do estado do material no ponto de venda.

O *merchandising*, para atingir seus objetivos, utiliza vários tipos de peças, como cartazes, *displays*, móbiles, placas, *banners*, reproduções plásticas, expositores, pôsteres, *test drives*, *displays* móveis, faixas de gôndola, prateleiras, balcões, quiosques, degustação, entre outros. Além dessas, a empresa ainda deve se preocupar com a disposição visual, o acesso fácil ao produto na gôndola ou prateleira, o estoque nas lojas, entre outros fatores.

Marketing direto

O **marketing direto** é um sistema interativo que utiliza um ou mais canais de comunicação para obter uma resposta mensurável. Além de interativo e mensurável, é também seletivo e customizado. As ações de marketing direto geram integração da empresa e seu cliente, mas é necessário que esta tenha conhecimento de todos os clientes para poder criar relacionamentos. Por esse motivo, é trabalhoso e demora a ser implementado. Esse método ocorre via material impresso e/ou telemarketing.

Essa modalidade de marketing usa a comunicação direta com os consumidores e é efetuada por meio de mala direta, catálogos, *e-mails*, telemarketing, entre outros (Czinkota, 2001). O marketing direto é uma comunicação interativa e tem a grande vantagem de ser personalizado (empresa-cliente), atendendo às necessidades de mercados específicos. Dessa maneira, as mensagens são individualizadas, o que facilita relacionamentos.

Ao contrário da propaganda, que busca consumidores em massa, o marketing direto demanda um banco de dados de clientes que armazena informações e gera perfis de consumidores para que a empresa possa desenvolver programas individuais de comunicação (Czinkota, 2001).

> Vamos conhecer algumas **ações de marketing direto** (Czinkota, 2001):
> » *call centers*;
> » ações de cuponagem em campanhas promocionais para posterior envio de mala direta;
> » ações de marketing direto impresso (fôlderes, cupons, convites) sobre *mailings* previamente selecionados e tratados;
> » ações de telemarketing ativo/receptivo para definição de perfis e abordagens complementares de agendamento ou de venda;

- » ações via internet estimulando respostas (pesquisa, preenchimento de cadastro, compras);
- » elaboração e distribuição de catálogos de compra;
- » vendas por indicação (*cross selling*);
- » pesquisa permanente de satisfação de clientes;
- » envio de brindes de forma dirigida;
- » produção e envio de *newsletters* (informativos) a clientes e *prospects* (clientes em potencial);
- » convites especiais para lançamentos, mostras e apresentações da empresa;
- » clubes de clientes/consumidores;
- » programas de milhagem;
- » programas de incentivo permanente;
- » programas de vantagens progressivas de forma geral.

Em suma, o marketing direto não está restrito ao envio de malas diretas pelo correio e está totalmente baseado em informações sobre o cliente. É um processo de diálogo com o consumidor, e dialogar pressupõe o falar e o ouvir de ambas as partes.

Força de vendas

A **venda pessoal** é a comunicação direta entre vendedores e consumidores, é a comunicação na qual um vendedor informa ao cliente procurando influenciar suas opções de compra. De acordo com Kotler, "venda pessoal é a ferramenta mais eficaz em termos de custo nos estágios finais do processo de compra, particularmente no desenvolvimento da preferência, convicção e ação do consumidor" (Kotler, 1998, p. 544).

Berkowitz et al. (2000, p. 223) afirmam que o componente pessoal das vendas possui uma grande vantagem no sentido de que o vendedor pode ver e ouvir a reação do comprador à mensagem: "se o *feedback* for desfavorável, o vendedor pode modificar a mensagem". Para esses autores, a venda pessoal desempenha três papéis essenciais no composto promocional de uma empresa. Primeiro, os vendedores são o elo decisivo entre a empresa e o cliente. Esse papel exige que os vendedores conciliem os interesses da empresa com as necessidades dos clientes para satisfazer ambas as partes no processo de troca. Segundo, para o consumidor, os vendedores representam a empresa e, muitas vezes, são o único contato pessoal que o cliente tem com esta. Terceiro, a venda pessoal pode desempenhar um papel central no programa de marketing da empresa.

A força de vendas é a principal conexão entre a empresa e o cliente e deve ser estimulada a analisar os dados de venda, a emitir relatórios e a orientar os planos de marketing. A venda pessoal é o elemento indispensável à comunicação integrada, pois o sistema funciona em torno do conceito de vendas. Os vendedores devem estudar os clientes e conhecer suas necessidades, customizando a oferta e empregando os argumentos adequados à efetivação da venda.

A preparação das equipes de venda deve ser cuidadosamente elaborada. Afinal, na venda de um produto, a imagem da empresa está diretamente associada a seu desempenho e seu comportamento (veremos mais sobre esse assunto a seguir, no subtítulo *Administrando o setor de vendas*).

Mídias alternativas ou externas

Devido ao alto custo de outras formas de comunicação, novas mídias vêm surgindo a cada dia. São as chamadas *mídias externas* ou *alternativas*. Muito utilizadas como apoio, caracterizam-se por serem meios de divulgação ao ar livre.

No geral, são mídias complementares ou de apoio à campanha. De localização estratégica, fixam a marca devido ao impacto visual e acabam por fazer parte da paisagem e do cotidiano das pessoas. Podemos citar alguns exemplos: *busdoor*, placas indicativas de ruas, painéis em metrôs, aeroportos e rodoviárias, painéis luminosos e/ou eletrônicos, carros de som.

Internet

É a conjugação de todas as mídias. É uma mídia interativa, com cobertura local e global e baixos custos de produção e veiculação. Oferece imagem atual e tecnológica, além de maior opção de formatos. A comercialização pode ser feita por meio de inserções de publicidade nos *sites*, de diversas maneiras e possibilidades.

Pessoas

O plano não deverá abandonar os relacionamentos com seus **públicos**. Para os **clientes internos**, a elaboração de um programa de marketing **interno** auxiliará a empresa na conquista do comprometimento de seus funcionários com a **estratégia**, o que trataremos mais adiante.

Em relação ao público externo, a empresa deverá, por meio do plano de marketing, estabelecer ações para conquistar, manter e fidelizar seus clientes. Para tanto, será necessária a existência de um banco de dados com o cadastro de clientes e possíveis clientes. Esse banco de dados permite não apenas a identificação dos mercados empresariais, mas também um método para se comunicar com estes. É um sistema automatizado usado para identificar compradores potenciais e retirar informações quantificáveis sobre eles. Se a empresa não sabe quem são seus clientes, provavelmente também não sabe para onde vai.

Administrando o setor de vendas

No contexto mercadológico, como vimos anteriormente, a atividade de vendas desempenha um papel de vital importância. Além da necessidade de integração com as demais atividades de comercialização para atingir os objetivos empresariais, Las Casas (1997b) afirma que o contato diário com os clientes da empresa é frequentemente feito por intermédio dos vendedores que, mediante a comunicação pessoal, ajudam a formar a imagem que a empresa deseja projetar. O administrador de vendas deve ser uma pessoa versátil, com conhecimentos generalizados de marketing, que aproveita as oportunidades que se apresentam e se defende das ameaças que constantemente enfrenta.

A administração de vendas é planejamento, direção e controle de venda pessoal, incluindo recrutamento, seleção, treinamento, rotas, supervisão, pagamento e motivação (Las Casas, 1997b). Com o crescimento do marketing, o departamento de vendas ocupa um lugar de destaque nas organizações. Em vista disso, a administração de vendas deve exigir um maior nível de seus profissionais.

O consumidor está se tornando cada vez mais exigente com relação a seus fornecedores. Nessa conjuntura, o departamento de vendas desempenha papel essencial na adaptação das empresas à nova tendência, principalmente quanto a esclarecimentos, orientações e informações aos clientes. O vendedor passa a ser um assessor e o departamento de vendas um prestador de serviços (Las Casas, 2005).

Como a concorrência está ficando cada vez mais acirrada, as empresas se esforçam para colocar no mercado os melhores serviços e produtos. Os vendedores, por estabelecerem contato mais íntimo com os clientes, têm melhores condições de informar às empresas a que estão ligados sobre tendências mercadológicas (Las Casas, 2005). Assim, o departamento de vendas também é um importante vetor do departamento de marketing.

Para cada tipo de negócio é preciso se desenvolver uma equipe de vendas adequada, competente e eficaz, levando-se em conta a natureza do negócio do cliente, bem como as características do produto ou serviço a ser oferecido. Para a obtenção de bons desempenhos da equipe de vendas, é necessária a criação de programas motivacionais.

O vendedor precisa conhecer as funções básicas do marketing, realizando análises do mercado e adaptando seu produto ou serviço às necessidades dos clientes. Deve saber como ativar as vendas, entender e conhecer o papel da propaganda, do *merchandising* e da promoção de vendas, a fim de maximizar seus resultados (Las Casas, 2005). O vendedor deve dar lugar a uma força que tem por objetivo mostrar ao cliente como sua empresa pode ajudá-lo a melhorar sua vida.

Para manter o foco no mercado, os vendedores devem saber como analisar dados de vendas, mensurar o potencial de mercado e desenvolver estratégias (Kotler, 1998). Outro aspecto identificado por Kotler é que "as empresas estão enfatizando a mudança da prática de marketing de transação para marketing de relacionamento" (Kotler, 1998, p. 610). Os vendedores devem fazer mais do que retirar pedidos. Eles devem monitorar clientes e conhecer seus problemas, customizando a oferta (McKenna, 1992).

Plano de ação

Para a elaboração de um plano de ação, sugerimos a **ferramenta 5W2H**. Ela "funciona como um plano de ação simplificado: é uma ferramenta poderosa, que está à disposição de todos os colaboradores da organização" (Mariani, 2005, p. 118). Trata-se de um *checklist* das atividades que serão desenvolvidas e funciona como um mapa.

Esse método é muito útil para as empresas e, conforme Stadler (2008, p. 10-11):

> *É uma técnica que define uma ação para todas as etapas de análise e melhoria de processos. 5W+2H são perguntas que têm o objetivo de obter respostas aos problemas a serem resolvidos e/ou organizar as ideias na resolução de problemas. Deriva das iniciais das palavras em inglês para as perguntas conforme discriminadas abaixo:*
>
> » **O que** *(what): O que deve ser feito?*
> » **Quando** *(when): Quando deve ser feito?*
> » **Por que** *(why): Por que foi definida esta solução (resultado esperado)?*
> » **Onde** *(where): Onde a ação será desenvolvida (abrangência)?*
> » **Como** *(how): Como a ação vai ser implementada (passos da ação)?*
> » **Quem** *(who): Quem será o responsável pela sua implantação?*
> » **Quanto** *(how much): Quanto será gasto?*

Essas questões permitem estabelecer o que será feito, quem serão os responsáveis, em que período de tempo, em que área da empresa, como será feito e quanto custará.

Monitoramento e controle

O acompanhamento do plano de marketing é essencial à sobrevivência das estratégias. Relatórios de desempenho interno, de vendas e pesquisas de mercado deverão ser elaborados de forma contínua para que haja um controle dos resultados obtidos. A qualquer sinal negativo, o plano deverá ser revisto imediatamente.

O planejamento de marketing é um processo que integra pessoas e informações dos ambientes empresariais, identificando oportunidades que podem ser aproveitadas pela organização. O plano de marketing faz parte desse planejamento e é um documento que revela o entendimento do mercado pela empresa e as ações que irão levá-la a alcançar seus objetivos mercadológicos, concentrando esforços e tirando o melhor proveito possível das oportunidades (Cobra, 1994).

Para McCarthy e Perreault Junior (1997), o planejamento estratégico orientado para o mercado seria sinônimo de planejamento estratégico de marketing. Para Ferrell et al. (2000), o planejamento de marketing deve conter a análise da situação atual da empresa, dos ambientes empresariais (interno, externo e competitivo), da análise SWOT, dos resultados esperados, das ações específicas a serem adotadas, dos responsáveis por cada ação, dos recursos necessários, do monitoramento e também da avaliação dos resultados.

Estudo de caso

Apaixonado por futebol, o executivo Fernando Beer, diretor da área de artigos esportivos da São Paulo Alpargatas, é um corintiano fanático. Mas no último dia 6 de abril [de 2009], uma segunda-feira, Beer acordou santista. A súbita mudança se deveu às espetaculares fotos do jogo Santos e Ponte Preta que estamparam as primeiras páginas dos principais jornais de São Paulo. Nelas, o artilheiro santista Kleber Pereira aparece comemorando seu primeiro gol na sofrida partida, marcado aos 39 minutos do primeiro tempo, levantando a bola para o céu. A bola em questão, da Topper, é uma das peças-chave na estratégia de marketing que Beer está desenvolvendo para trazer de volta o brilho da marca. "Eu literalmente estou me sentindo o dono da bola", diz Beer. Pertencente à Alpargatas e antiga patrocinadora da Seleção Brasileira de Futebol em duas copas do mundo, a Topper nos últimos anos se transformou numa marca de pouca expressão, ofuscada pelas grandes grifes esportivas globais e mesmo pelas rivais brasileiras mais agressivas. De janeiro para cá, a Topper tem passado pelo mais radical processo de reformulação de sua história, desde que foi lançada no país, em 1975. A marca foi redesenhada e novos produtos foram lançados – entre eles a bola de futebol exibida pelo jogador do Santos. E, no início de maio, a empresa se prepara para lançar uma campanha publicitária – a maior desde 2003, quando a marca contratou Pelé como garoto-propaganda.

Apesar de o futebol continuar sendo um pilar essencial dos negócios da Topper – líder na venda de tênis e chuteiras para o esporte, com 20% de participação de mercado –, o objetivo é expandir a marca para outros segmentos. O motivo é simples: os tênis para futebol significam apenas 5% das vendas do mercado de calçados esportivos no Brasil, que movimentou 2,2 bilhões de reais em 2008. Ao mesmo tempo, o segmento de corrida, o que mais cresce no país, responde por 35%. "Não podíamos ficar restritos a um nicho de mercado, precisávamos crescer em direção a outros esportes", diz Beer. Para avançar, era necessário desconstruir a velha marca, calcada num logotipo com um T estilizado, desenhado na década de 1980. "A Topper era uma marca antiga, com pé no passado e que não passava a ideia de inovação, atributo fundamental para o esporte", diz Ana Couto, *designer* responsável pelo novo desenho do logo e pela tipologia do nome. A marca passou a investir também em produtos mais tecnológicos, como a chuteira One Professional, feita de couro de canguru, usada pelo goleiro Marcos, do Palmeiras, e o tênis Royal, do tenista Thomaz Belucci, primeiro colocado no *ranking* brasileiro. Em sua primeira loja em São Paulo, inaugurada recentemente, a Topper vende também roupas para ginástica e tênis femininos.

Reformular uma marca com décadas de tradição é um movimento que exige certos cuidados – um dos maiores riscos, por exemplo, é perder os antigos consumidores sem conquistar os novos. Na década de 1990, a marca alemã Puma, espremida por uma dívida de 100 milhões de dólares, quase dez anos de prejuízos e contínuas perdas de participação de mercado, estabeleceu uma espécie de modelo para outras empresas que tentavam se aventurar nesse caminho. A marca adotou uma estratégia que misturava esporte com moda. Ao mesmo tempo que encomendava suas coleções a estilistas de vanguarda, como os britânicos Alexander McQueen e Hussei Chalayan, a Puma estreitou laços com equipes de futebol, atletismo e outros esportes, como automobilismo, desenvolvendo produtos exclusivos e de alto desempenho – entre os patrocinados pela Puma estão a Seleção Italiana de Futebol e a equipe Ferrari de Fórmula 1. A bem-sucedida fórmula rendeu à Puma a terceira colocação entre as maiores marcas globais de artigos esportivos, atrás apenas de Nike e Adidas. "Uma mudança de posicionamento radical leva tempo e inclui variações de percepção e imagem, que devem ser acompanhadas de uma série de ações muito coerentes", diz Alejandro Pinedo, diretor do escritório brasileiro da consultoria internacional de avaliação de marcas Interbrand.

Assim como a Puma fez no passado, a Topper tenta realizar as mudanças sem, no entanto, abrir mão de suas qualidades e dos consumidores tradicionais. O que não significa que o novo posicionamento da marca esteja sendo bem-aceito por todos. Logo que foi anunciada, no início do ano, a mudança de seu logotipo provocou uma chuva de protestos na internet – um deles, postado em um *blog* de colecionadores de camisas de times de futebol, diz que a nova marca "é boa para uma loja de sungas". Especialistas em reestruturação de marcas, porém, alegam que esse tipo de reação é natural e que mudanças como as adotadas pela Alpargatas demoram pelo menos cinco anos para se consolidar e render resultados. No caso da Topper, a experiência faz parte de um movimento abrangente, que tem como objetivo criar uma marca internacional com atuação na América Latina, gerida a partir do Brasil. O projeto de reformulação da marca surgiu em meio ao processo de fusão entre as operações da Alpargatas no Brasil e na Argentina, em 2007. As duas empresas, que tiveram um passado remoto comum, cresceram e se desenvolveram isoladamente em seus mercados e, ao atuar juntas, apresentavam perfis distintos. Ambas tinham, por exemplo, a marca Topper. No entanto, enquanto no Brasil a marca era focada basicamente em futebol, na Argentina tinha uma vasta linha de calçados destinados a vários esportes (há até modelos para rúgbi, por exemplo). Líder em seu país, a Topper argentina tem hoje 32% de participação de mercado e forte presença no Chile. "Decidimos aproveitar essa vantagem e unificar as operações em torno de uma única marca, modernizada e com apelo regional para a América Latina", diz Beer.

Em sua nova encarnação no mercado brasileiro, a Topper enfrentará um duplo confronto. Por um lado, terá de crescer em segmentos dominados por grandes marcas globais. Por outro, precisará enfrentar um concorrente nacional robusto, a Olympikus, que tem contrato de patrocínio com o Comitê Olímpico Brasileiro. A estratégia da Alpargatas – dona também das marcas esportivas Mizuno, Timberland e Rainha – é posicionar a marca um degrau abaixo das marcas de alta *performance*, com preços agressivos. Com isso, sua chuteira mais sofisticada, a de couro de canguru, custa 299 reais, de 200 a 300 reais menos do que as concorrentes. Os tênis de corrida, por sua vez, estão numa faixa de 150 a 170 reais, cerca de 100 reais menos do que os similares de outras marcas. Para atrair novos consumidores, a empresa está investindo numa agressiva campanha viral com blogueiros na internet e nas academias de ginástica das principais capitais brasileiras. "Mais do que apostar em patrocínios caros e contratação de celebridades, queremos atrair a atenção dos consumidores nos lugares onde eles estão", diz José Eustachio, sócio da agência Talent, responsável pela campanha. A sorte também tem dado sua contribuição – basta conferir a foto de Kleber Pereira com a bola.

Fonte: Teich, 2009.

Com base no caso exposto, procure responder:

1. Em relação às Cinco Forças de Porter (1996), é importante que cada uma das forças seja avaliada, em um nível de detalhamento considerável, para que uma empresa possa desenvolver estratégias competitivas eficazes. No texto estudado:
   a. Retire do texto fatores de acordo com, pelo menos, duas dessas forças.
   b. Escolha aquela que você considera a força de maior intensidade e justifique.
2. A análise PEST tem como objetivo entender fatores geradores de mudanças relevantes para a atividade da empresa e a antecipação de ameaças e oportunidades. Em nosso estudo de caso:
   a. Aponte as principais variáveis encontradas de acordo com a análise PEST.
   b. Identifique qual o principal fator de geração de mudanças para a empresa e justifique sua resposta.
3. Entre os "Ps" do *mix* mercadológico, um deles sofrerá maior impacto frente à nova estratégia. Qual é esse "P"?
4. O posicionamento é baseado no diferencial oferecido ao mercado. O reposicionamento da Topper está baseado em qual desses atributos?

Síntese

O planejamento de marketing define como a empresa pode atingir seus objetivos e de que maneira pode gerenciar os relacionamentos com o mercado, de forma a obter vantagens competitivas. Com base na análise dos ambientes empresariais e da escolha de que mercados atender – com quais produtos, a que preço, por meio de quais canais de distribuição, de comunicação e de relacionamentos –, a área de marketing se ocupa dessas decisões.

Essas definições minimizam os riscos e ajudam a empresa na busca pelo aumento de sua participação no mercado e por seus lucros. Depois de estabelecidas, as resoluções devem ser estruturadas em um plano que dará sustentação às decisões mercadológicas.

Existem tipos diferentes de planos, como explica Westwood (1996). Um plano completo é feito para o plano global de marketing. Já um básico é dirigido a mercados delimitados ou a um produto único. De qualquer maneira, os planos de marketing deverão analisar a empresa sempre com base em seu composto mercadológico e a relação entre eles.

Questões para revisão

1. Em 1960, Theodore Levitt publicou o clássico artigo *Marketing myopia* (*Miopia em marketing*). Em seu texto, Levitt enfoca as principais falhas administrativas que ameaçam, retardam ou mesmo detêm o desenvolvimento e a sobrevivência das empresas ou dos setores da economia. São elas: crença de sustentação de lucros por um mercado em expansão, crença num produto indispensável e insubstituível, fé exagerada na produção em massa e atenção demasiada à inovação tecnológica. Selecione uma dessas falhas e a explique.

2. Para sobreviver em mercados competitivos é preciso entender os ambientes nos quais a empresa atua, conhecendo as forças que as cercam. Dessa maneira, é possível construir um cenário futuro, identificar tendências, para a escolha de estratégias competitivas. Mas o que são **tendências**?

3. Marketing é:
   a. criar na empresa a visão focada no cliente.
   b. manter a empresa informada sobre as mudanças em seus ambientes competitivos.
   c. criar valor para o cliente.
   d. Todas as alternativas estão corretas.
   e. Nenhuma das alternativas estão corretas.

4. O processo de planejamento de marketing tem início em qual dos itens a seguir?
   a. Decisões relacionadas a preço.
   b. Análise dos ambientes empresariais.
   c. Auditoria da situação financeira da empresa.
   d. Definição das políticas empresariais.
   e. Definição de sistema de remuneração para a equipe de vendas.

5. A gestão de marketing:
   a. permite à empresa conhecer seu mercado e oferecer diferenciais ao consumidor.
   b. auxilia a empresa a se adaptar ao mercado e inovar.
   c. define público-alvo identificando um segmento particular com necessidades específicas.
   d. identifica vantagens competitivas ao produto ou serviço.
   e. Todas as alternativas estão corretas.

Para saber mais

Os leitores interessados em aprofundar conceitos sobre a elaboração de um planejamento de marketing podem consultar:

FERRELL, O. C. et al. *Estratégia de marketing*. São Paulo: Atlas, 2000.
LEVITT, T. *Miopia em marketing*. São Paulo: Nova Cultural, 1986. (Coleção Harvard de Administração, v. 1). Disponível em: <http://www.eniopadilha.com.br/documentos/levit_1960_miopia%20em%20marketing.pdf>. Acesso em: 29 abr. 2010.
McCARTHY, E. J.; PERREAULT JUNIOR, W. D. *Marketing essencial*: uma abordagem gerencial e global. São Paulo: Atlas, 1997.
WESTWOOD, J. *O plano de marketing*. São Paulo: Makron Books, 1996.

capítulo 6
relacionamento com os clientes internos e externos

Conteúdos do capítulo

» Marketing interno.
» Programa de marketing interno.
» Marketing de relacionamento.

Após o estudo desse capítulo, você será capaz de:

1. entender a importância de estratégias voltadas aos funcionários;
2. elaborar ações de marketing interno e de relacionamento;
3. compreender o processo de relacionamento com clientes.

Com a globalização, o acesso à informação se tornou demasiadamente fácil, o que causou o crescimento de uma postura competitiva com o objetivo de diferenciar pessoas e empresas no mercado. Consumidores ficaram mais exigentes e funcionários passaram a ser um diferencial nas empresas, pois estes podem significar tanto um aumento da produtividade quanto melhoras no atendimento ao cliente.

A valorização dos funcionários nas organizações pode se transformar em um importante instrumento para a competitividade, por meio da formação de equipes de trabalho capacitadas, motivadas e comprometidas com os resultados da organização. Para atender a mais essa exigência de mercado, o marketing se voltou para dentro das empresas, ajudando-as a entender que os funcionários devem ser seus primeiros clientes. A esse tipo de marketing damos o nome de *endomarketing* ou *marketing interno*.

Vimos que toda a empresa deve estar envolvida com a estratégia. E quando dizemos **toda a empresa**, dizemos que as primeiras pessoas a se comprometerem com os objetivos organizacionais **são os funcionários**.

As organizações que desenvolverem ações voltadas para os clientes internos poderão gerar uma maior vantagem competitiva. Para Las Casas (1997a), o marketing interno surge como um programa de gestão que auxilia as empresas a realinharem sua cultura organizacional por meio da comunicação e do treinamento, buscando melhorar os relacionamentos internos. Essa melhoria acaba por estreitar os laços entre empresa e funcionários e tem reflexo direto nos clientes externos (Brum, 1998). O marketing interno é um conjunto de ações de marketing elaboradas pelo empresário para colaboradores da organização (Kotler, citado por Paixão, 2002).

O marketing interno é um processo que busca meios para assegurar que todos os funcionários compreendam o negócio e, ainda, para que todos os níveis estejam preparados, motivados e orientados para o cliente (Grönroos, 1995). Envolve esforços para desenvolver na organização um vocabulário compartilhado por todos, consolidando uma cultura empresarial voltada para o cliente. O relacionamento entre as pessoas que compõem todas as áreas funcionais e a comunicação entre elas refletirá diretamente no desenvolvimento empresarial. Funcionários motivados se comprometem com a empresa em que trabalham.

Esse não é um processo fácil de ser implementado. Apesar de ser uma das ferramentas mais utilizadas para a melhoria do clima organizacional, o marketing interno ainda não é totalmente aceito pelas organizações que têm sua base de gestão ainda espelhada no taylorismo, ou seja, em um modelo de gestão apoiado na crença de que a empresa é uma organização fechada, uma máquina, e que a motivação do homem advém do salário.

Entretanto, sabemos que os funcionários fazem parte do processo de conquista e fidelização dos clientes. As ações internas se refletem não apenas no atendimento ao cliente externo, mas também na produtividade, na inovação e na estratégia.

> O **marketing externo** visa estimular o aumento das vendas, bem como identificar novas oportunidades de mercado. Já o **marketing interno** busca mobilizar funcionários no sentido de se comprometerem com os objetivos empresariais.

O objetivo do **endomarketing** é atrair e reter funcionários, para conseguir resultados eficientes para a empresa (Bekin, 1995). Dessa maneira, o marketing interno deverá anteceder o externo, conforme proposto por Kotler (1998, p. 37), que traz a seguinte definição: "marketing interno é a tarefa de contratações acertadas, treinamento e motivação de funcionários hábeis que desejam atender bem os clientes".

É preciso enxergar o funcionário como cliente. Toda organização tem um mercado interno, afirma Grönroos (1995), e a ele deve ser dada atenção em primeiro lugar. Quando isso não acontece, o sucesso das operações da empresa em seu mercado externo é comprometido.

Os clientes absorvem a imagem das organizações. De que adianta a empresa ter um bom produto, com preço competitivo, estar em todos os pontos de venda possíveis e ter boa comunicação com o mercado se, quando o cliente vai adquirir o produto, ele é mal atendido? "Hoje todas as organizações dizem: as pessoas são nosso maior ativo, entretanto poucas praticam aquilo que pregam" (Drucker, 1998, p. 115).

O marketing interno é influenciado pela cultura organizacional. Fleury, Shinyashiki e Stevanato (1997, p. 146) nos dizem que "a cultura é pensada como um conjunto complexo de valores, crenças e pressupostos que definem os modos pelos quais uma empresa conduz seus negócios". Esse conceito é complementado por Chiavenatto (1999), ao colocar que os valores e as crenças das pessoas são partes integrantes da filosofia da empresa e a formulação da estratégia empresarial se baseia diretamente nos seus recursos humanos.

Para crescer, as empresas precisam mudar. Entretanto, além da mudança nas estruturas e tecnologias, é preciso mudar as pessoas, a natureza e a qualidade de suas relações face ao trabalho. Portanto, toda vez que uma empresa inova, ela está transformando sua cultura. Assim, a base de toda mudança está na motivação do fator humano, para que a resistência seja a menor possível. E essa mudança deve ocorrer gradativamente.

O estudo de clima organizacional é um instrumento que, quando aplicado corretamente, permite conhecer a percepção coletiva do público interno acerca da organização. Como o clima possui estreita correlação com os resultados da empresa, pesquisas sobre esse fator são indicadas para se entender a percepção e o comportamento dos funcionários (Paixão, 2002).

As empresas devem, portanto, estar atentas às mudanças que podem ocorrer em seus ambientes organizacionais. Uma das maneiras de monitorar essas mudanças é a implantação de um programa de marketing interno – considerando cultura, clima e valores culturais – para aplicar medidas preventivas que impeçam o surgimento de conflitos. Para o gerenciamento de um programa de marketing interno, Cerqueira (1994) aconselha as empresas a estudarem a motivação humana.

Programa de marketing interno

O marketing interno entende que as pessoas necessitam de ações planejadas que visem valorizar o ser humano em sua totalidade. Para a criação de um programa de **implantação do marketing interno**, de acordo com Bekin (1995), as empresas deverão se preocupar com alguns **fatores indispensáveis**:

» **Treinamento** – com base nas necessidades da empresa e de seus funcionários, deve ocorrer em todos os níveis e é considerado como um investimento.
» **Processos de seleção** – estabelecimento do perfil desejado para cada cargo.
» **Planos de carreira** – preocupação com uma política de retenção.
» **Motivação** – reconhecimento e recompensa.
» **Comunicação interna** – informações necessárias à consciência do cliente.
» **Conhecimento dos clientes internos**.

A **implantação** de um programa de marketing interno **deverá considerar e analisar as etapas indispensáveis** a qualquer planejamento estratégico. Kotler (1998) divide essas etapas da seguinte forma:

> - **análise do ambiente**, para detectar os pontos fortes e fracos da empresa;
> - **diagnóstico da situação**, que permitirá conhecer a opinião dos colaboradores;
> - **determinação dos objetivos**, o que potencializa os pontos fortes e anula os fracos;
> - **elaboração das estratégias**;
> - **orçamento**;
> - **avaliação**.

O primeiro passo de um planejamento em marketing interno, afirma Brum (1998), é a pesquisa de clima organizacional. Essa análise busca identificar o clima existente entre os funcionários da organização, além de investigar aspectos como satisfação no ambiente de trabalho, relação entre colegas e chefias, conflitos existentes em relação aos objetivos empresariais, ausência de comunicação entre os níveis, entre outros fatores.

A empresa deve tratar seus funcionários como clientes, de maneira que eles se percebam valorizados e envolvidos com os objetivos da organização. Eles devem conhecer missão, visão, políticas empresariais. Aqui, a comunicação ganha papel estratégico, pois ela oferece as informações necessárias à consciência do cliente e à eficiência nas tarefas.

> Para sua implantação, **um programa de marketing interno deve envolver e realizar as seguintes ações** (Brum, 1998; Paixão, 2002):
> - **Treinamento**, sob a ótica da educação e do desenvolvimento, com base nas necessidades detectadas pela pesquisa de clima organizacional. Esses treinamentos vão desde o desenvolvimento de processos de trabalho até a alfabetização, por exemplo.
> - **Programas de motivação**, valorização, comprometimento e recompensa.
> - **Rede de comunicação interna**, também de acordo com os resultados da pesquisa, estabelecendo canais de acordo com o desejado pelos colaboradores.

> **Reconhecimento pelo seu trabalho e remuneração adequada**, pois nem sempre é possível um aumento na remuneração, mas é possível oferecer ao funcionário uma recompensa por meio de dias de folga, divulgação em quadro de avisos, menção em reuniões, entre outros. Enfim, vale a criatividade.
> **Reconhecimento dos colaboradores como indivíduos.**
> **Planos de carreira.**
> **Saber ouvir** e oferecer aos funcionários um canal por meio do qual a empresa se mostre disposta a ouvir o que ele tem a dizer, analisando novas ideias, novas maneiras de se fazer determinada tarefa, entre outros.
> **Administração participativa** ao dar a oportunidade aos funcionários de participarem nas decisões da empresa.

O marketing interno pode ser visto, então, como um conjunto de ações que busca levar aos funcionários o conhecimento sobre a empresa na qual trabalham, fortalecendo o comprometimento por meio de um canal aberto para novas ideias e parcerias. Um programa de marketing interno pode incorporar a noção de clientes à estrutura interna organizacional, trazendo como consequências a melhoria na qualidade do atendimento ao cliente, do produto e dos serviços oferecidos. É necessário, portanto, que a empresa conquiste primeiramente seu mercado interno, para então se lançar no mercado externo, caso contrário, a cultura da organização pode entrar em conflito com os seus objetivos estratégicos.

Meios de comunicação com funcionários

Uma comunicação efetiva impacta de forma positiva no desempenho dos funcionários da empresa. Toda organização de grande ou pequeno porte deve dar atenção aos funcionários. Eles precisam conhecer os objetivos pelos quais trabalham e o que podem fazer para ajudar a empresa a alcançá-los. Isso proporciona não só um ambiente de trabalho mais harmônico, mas também pessoas mais produtivas. Uma boa comunicação estimula o funcionário a se motivar na otimização de seu desempenho individual.

Para nos comunicarmos com os funcionários, existem algumas ferramentas que podem ser adotadas pelas empresas, dependendo dos níveis de tecnologia utilizados. A comunicação entre as pessoas é a capacidade de trocar informações e ideias, discuti-las e chegar a um entendimento comum. Cerqueira (2002) afirma que "o marketing interno é um sistema constituído por projetos e veículos de comunicação, buscando consolidar uma nova imagem da empresa para dentro da empresa". Para Grönroos (1993, p. 280):

> O conceito de endomarketing afirma que o mercado interno constituído de empregados motiva-se mais para a consciência dos serviços e o desempenho orientado para o cliente se houver uma abordagem ativa do marketing, onde uma variedade de atividades são usadas [sic] internamente de forma coordenada e ativa.

Assim, a implantação de um processo de marketing interno torna a comunicação entre os funcionários e a empresa mais clara, dando a esses maior conhecimento sobre a empresa e, consequente, liberdade para exposição de ideias, de acesso à hierarquia, fazendo com que os colaboradores se sintam mais seguros para tomarem atitudes.

Veja a seguir alguns exemplos dessas ferramentas:

» informativos e circulares, contendo as maneiras de execução de processos, alterações destes, novas normas, entre outros tópicos;
» quadros de avisos, expostos em locais de fácil visualização, que devem ser diariamente alterados para chamarem a atenção;
» manuais que ensinem os passos de realização de tarefas;
» boletins e informativos rápidos, sobre acontecimentos de interesse, negócios, entre outros temas relevantes;
» jornais internos, preferencialmente com notícias sobre ações de destaque desenvolvidas pelos funcionários;
» revistas, de caráter eventual, que devem trazer artigos e notícias que

- tenham a participação dos funcionários na sua elaboração e fatos sobre negócios da empresa;
- » eventos de confraternização, nos quais se reúnam funcionários, gerência e diretoria, em busca de relacionamento e aproximação;
- » vídeos – para treinamento, reuniões;
- » rádio-empresa – uma rádio interna organizada por funcionários;
- » teatro-empresa – criação de grupos de teatro com funcionários;
- » telejornal/vídeo-jornal – organizado por funcionários que levam aos demais as últimas notícias sobre a empresa e o mercado de atuação, entre outros assuntos;
- » correio eletrônico – envio de mensagens via *e-mail*;
- » *slogans* e criação de personagens – participação dos funcionários na criação de *slogans* e personagens para campanhas internas de motivação, vendas, entre outros;
- » intranet – comunicação eletrônica da empresa com o funcionário na qual são repassados boletins informativos, realização de cursos rápidos, entre outros;
- » telão – para o telejornal, as reuniões e outras eventualidades;
- » comunicação face a face – encontros de funcionários e gerência, chamadas *reuniões*, que ganham aspecto mais pessoal.

O marketing interno é um importante aliado dos modelos de gestão orientados para a qualidade total, focados no cliente, pois permite que as empresas obtenham melhores resultados. Conhecer as percepções de seus colaboradores, em relação à organização, que afetam o nível de motivação destes e estabelecer um canal confiável de comunicação e relacionamento poderá reforçar os níveis de adesão e comprometimento em relação aos resultados da empresa, por meio de instrumentos democráticos.

É por intermédio da comunicação, da informação, do clima de confiança e da vontade de fazer acontecer que se estabelece a **sinergia**, e essa sinergia é percebida pelo cliente.

> A palavra *sinergia* é aqui utilizada em seu significado de coesão e potencialização de um determinado grupo.

Embora o mundo seja cada vez mais dirigido pela alta tecnologia, ele continuará sendo influenciado e gerenciado pelo entusiasmo – por emoção, energia, impulso, persistência e relacionamentos que se desenvolvem lentamente, entre empresas e indivíduos. Ironicamente, quanto mais altamente tecnológico se faz o mundo, mais importante se torna a gerência de relacionamentos para a criação e manutenção da vantagem competitiva (Levitt, 1986).

Marketing de relacionamento: conquista e fidelização dos clientes

Para uma empresa sobreviver, ela precisa de clientes. Antigamente, o mercado era voltado à demanda do produto, sendo o consumidor apenas um "usuário" de produtos e serviços oferecidos. Porém, com o avanço da tecnologia e a globalização, um grande aumento na concorrência trouxe ao consumidor um número sem igual de opções, dando-lhe o poder de escolha. Devido a isso, a maneira como as empresas enxergam o cliente foi radicalmente mudada.

Assim, as empresas reconheceram a urgência em tornar seu relacionamento com os clientes um fator primordial, buscando se estruturar com ferramentas que estimulem o interesse e a conquista desses.

O marketing de relacionamento foi inicialmente abordado por Leonard Berry (1983) no início da década de 1980, enunciado como a ação do marketing de criar relações com os clientes. Entretanto, foi somente na década de 1990 que o conceito alcançou o mundo empresarial.

Grönroos (1995) define o marketing de relacionamento como a necessidade de identificar e estabelecer, manter, aumentar e – quando necessário – terminar relações com clientes e *stakeholders*, de forma que os objetivos de ambas as partes sejam atendidos. Isso é alcançado por meio de uma troca mútua. A visão do marketing de relacionamento está baseada na existência de uma relação entre o consumidor e a empresa, criando valor adicional para ambos. Uma relação assim oferece ao consumidor segurança, um sentimento de controle e confiança, minimizando os riscos de compra.

É necessário explicarmos a sistemática do marketing de relacionamento e suas proposições. Com base em estudos desenvolvidos na década de 1990 pela **Escola de Marketing Industrial** e pela **Escola Nórdica de Serviços**, o marketing de relacionamento foi conceituado como uma ação que identifica, estabelece, mantém e estreita relações com o consumidor, gerando lucro (Grönroos, 2004a). Essas ações têm como características o registro individual do cliente em um banco de dados, o *database*. Dessa maneira é possível realizar uma análise da lucratividade que cada cliente proporciona e dos níveis estabelecidos de relacionamento com cada cliente, além da utilização da comunicação de maneira dirigida.

Para conhecer seus clientes, a empresa precisa utilizar informações de seus padrões históricos, entender seu comportamento, sua classificação, suas características demográficas, suas preferências e frequências de compra, exigindo uma boa **infoestrutura** capaz de construir e gerenciar os futuros relacionamentos. Permitir e estimular um contato mais direto e acessível entre o consumidor e a organização facilita à empresa uma definição mais clara do seu grupo de clientes, pois **a informação, quando transformada em conhecimento, torna-se um fator diferenciador** (Swift, 2001).

Como suporte ao relacionamento, as empresas podem adotar o método **Gerenciamento do Relacionamento com os Clientes** (CRM). Para Bretzke (2004), o CRM é uma maneira de manter a competitividade em tempo real, com o objetivo de alcançar a fidelidade dos consumidores por intermédio de experiências positivas.

A ideia de que irão sobreviver somente aqueles que estão ligados aos seus clientes para criar novos mercados e produtos (Peters, 1987) é uma afirmação que nos leva a refletir sobre a prática do marketing de relacionamento para a fidelização do cliente. Com a utilização de bancos de dados inteligentes, as empresas podem se permitir um conhecimento mais profundo de demandas, expectativas e necessidades dos clientes, garantindo a adequação da oferta de produtos e serviços aos seus clientes (Vavra, 1993; McKenna, 1992).

Para saber mais sobre a **Escola de Marketing Industrial**, acesse o *site*: <http://www.emkti.com.br>.

A **Escola Nórdica de Serviços** teve origem no início dos anos 1970, por meio das investigações de Christian Grönroos e Evert Gummesson. Nos anos 1990, essa escola se desenvolveu e, desde o princípio, seus pesquisadores enfatizaram a natureza das relações de longo prazo, bem como estudos sobre as interações comprador-vendedor, o ciclo de vida do cliente e a grande importância do papel daqueles que Gummesson (1991) chamou de *part-time marketers*, no relacionamento interativo com os clientes.

Do termo em inglês *Customer Relationship Management*, que dá origem à sigla CRM.

O CRM é um processo que gerencia as interações entre a empresa e seus clientes e é constituído por *software* e processos gerenciais. Martins (2008) explica que **a implantação do CRM não é tão simples**, pois, primeiramente, para que a empresa se enquadre a ele, deve se conscientizar de que **as operações giram em torno do cliente**. Para isso, é necessária uma transformação cultural que alinhe funcionários e sistemas com as necessidades dos clientes, sempre havendo muita sintonia e disposição para o trabalho em equipe.

> **A filosofia de implantação do CRM pode ser dividida em quatro partes** (Tronchin, 2010):
> » **Identificação** – primeiramente, a empresa precisa identificar seus clientes.
> » **Diferenciação** – conhecendo seus clientes, a empresa pode diferenciá-los conforme seus valores e necessidades.
> » **Interação** – desenvolvimento de um processo de comunicação interativo entre empresa e cliente, buscando sua fidelidade.
> » **Personalização** – cada cliente deve ser tratado de forma diferente.

Esses itens nos mostram que o uso da tecnologia está sustentado pelas informações derivadas das relações da empresa com seus clientes. Um relacionamento exige, então, conhecer o cliente e buscar constantemente novas informações sobre ele. Isso torna a empresa capaz de personalizar seus produtos e serviços.

> Neves (2002) define os **passos para a implantação do CRM**:
> » **planejar um modelo** de relacionamento com o cliente;
> » **levantar todos os processos de atendimento** ao cliente – pessoal, telefone, telemarketing, *e-mail*, pedidos de informações sobre o produto, pedidos de compra, reclamações e sugestões;
> » **redesenhar os processos de atendimento** ao cliente, passando a ter tempos de resposta baseados na expectativa do cliente, e não nas limitações operacionais;

> **analisar e selecionar *hardware* e *software* mais adequados.**

Além disso, a organização ainda deve possuir profissionais qualificados, processos bem elaborados e tecnologia de ponta para que as ações de comunicação e relacionamento sejam eficazes. Para Bretzke (2004), de todos os meios de comunicação existentes, o telefone é o principal, pois torna a comunicação entre empresa e cliente mais completa e precisa, além de oferecer uma resposta instantânea. Como exemplos, podemos citar os *call centers*, os **SAC** e as linhas 0800.

Sigla para Serviço de Atendimento ao Consumidor.

O *call center* é o local, em uma empresa, para o qual converge simultaneamente um grande volume de ligações, que são registradas e redirecionadas para outros ramais internos, quando necessário. É utilizado como apoio para catálogos, telemarketing, suporte aos produtos (*help desk*), SAC e para qualquer empresa que utilize televendas (Peppers; Rogers, 2010).

O *call center* se tornou um centro de contato com o cliente porque é, muitas vezes, onde este estabelece o seu primeiro contato com a empresa fornecedora (Martins, 2008), o que pode estimular as relações com clientes. Já o SAC oferece ao cliente a oportunidade de ter um canal de comunicação com a empresa, no qual ele pode solicitar informações ou registrar reclamações de forma gratuita. É um meio eficaz para promover a satisfação do consumidor e obter um *feedback* (resposta) do nível de satisfação com o produto ou serviço (Bretzke, 2004).

Percebemos que o marketing de relacionamento busca a lucratividade da empresa. Entretanto, conforme Tronchin (2010), para que isso aconteça, as empresas, por meio do CRM, deverão promover retenção e fidelização dos clientes, personalizando os aspectos de relacionamento.

Podemos então concluir que é necessário um marketing baseado no relacionamento com clientes, preparando a empresa para atender às necessidades dos clientes e, ao mesmo tempo, obter vendas mais lucrativas.

Estudo de caso

Pequenas empresas investem em motivação

O que era costume nas grandes companhias, agora passa a ser um dos principais objetivos das médias e pequenas empresas. Preocupadas com o resultado, segundo pesquisa realizada pela SEC Talentos Humanos, algumas empresas lançam, constantemente, novas campanhas de motivação entre seus funcionários.

De acordo com os dados apurados, 65% dos entrevistados mencionaram a falta de motivação como o principal problema dentro das empresas. A pesquisa foi realizada nas capitais das regiões Sul e Sudeste do Brasil. Em cada capital, foram entrevistados cerca de 500 funcionários de médias e grandes empresas.

Em anos anteriores, a instabilidade era a questão que mais preocupava. Para a diretora da SEC, Vivian Maerker Faria, a motivação dos funcionários é fundamental para se obter melhores resultados. "Percebemos que trabalhadores motivados apresentam desempenho melhor em todas as atividades", explica Vivian.

Iniciativas como as da Woodlouse, loja especializada em moda masculina, mostram que a preocupação em manter os funcionários felizes e motivados vai além do aumento de salário. "O interesse que mostramos em acompanhar o crescimento profissional de cada funcionário parece ser o fator que mais motiva", afirma Carlos Aziz, proprietário da loja.

A Woodlouse, além de oferecer cursos de capacitação profissional e viagens ao exterior para os consultores se atualizarem das tendências da moda, ainda presenteia, na forma de sorteio, ao final de cada mês, os funcionários com aparelhos de televisão, som e DVD. Roupas também são oferecidas conforme a quantidade de peças vendidas. Para Erica Utagava, funcionária da loja, trabalhar motivada é fator essencial no sucesso e desempenho profissional. O consultor mais novo da loja trabalha com Aziz há dez anos.

Outro exemplo de motivação vem da Pormade, uma fábrica de portas no interior do Paraná. Após a constatação de que 80% dos funcionários iam ao trabalho de bicicleta, mas não tinham condições de manter o meio de transporte em boas condições, a empresa contratou os serviços de uma oficina para o conserto e manutenção.

A oficina retira as bicicletas na empresa, no início do expediente e as devolve consertadas no final da tarde. Para Hermine Luiza Schreiner, diretora de Recursos Humanos da Pormade, um bom pacote de benefícios não é o que tem tudo, mas o que dá aos funcionários aquilo que lhes interessa.

Segundo a SEC Talentos Humanos, estas iniciativas melhoram consideravelmente os resultados obtidos pelas empresas e ainda promove uma interação, que é fundamental para o bom relacionamento entre os funcionários. De acordo com a pesquisa, as organizações deste século devem manter um ambiente dinâmico que permita ao seu colaborador interagir, aprender e crescer junto com a empresa.

Na opinião de Aziz, as empresas devem oferecer o mesmo tratamento e oportunidade para todos os profissionais e não considerar nenhum funcionário mais importante do que o outro, pois o desempenho depende de todo o conjunto e basta uma pessoa desmotivada para que o resultado final seja diferente. "As empresas que sobreviverão são aquelas que conseguirem manter o espírito de equipe, a parceria e a motivação no ambiente de trabalho", finaliza o comerciante.

Fonte: Canal Executivo, 2010.

Com base no caso exposto, procure responder:
1. O marketing interno pode ser um diferencial e uma vantagem competitiva para a empresa no mercado. Baseado nos exemplos anteriormente demonstrados, justifique essa afirmativa.
2. Nos exemplos trazidos pela reportagem, de que maneira as empresas criaram relacionamentos com seus funcionários?

3. Um programa de marketing interno é formado por um conjunto de ferramentas e ações que objetivam estreitar a relação entre empresa e funcionário. A busca pela qualidade dos produtos e pela excelência nos serviços prestados é a postura esperada para o alcance dos resultados esperados pela empresa. Escolha um dos exemplos citados e descreva como isso acontece.

4. Sobre o marketing interno (ou *endomarketing*), podemos afirmar que é toda e qualquer ação de marketing voltada para o público interno, com o objetivo de melhor atender aos clientes externos. Isso geraria um diferencial competitivo para a empresa quando percebido pelo cliente. Que diferencial é esse?

5. Vimos que ações de marketing interno devem se ajustar à realidade da empresa. O marketing interno, nos mais diversos níveis da empresa, pode criar canais de sintonia com o colaborador. De que maneira ele pode propiciar um ambiente interno de trabalho agradável?

Síntese

O **marketing interno** tem a preocupação de envolver os funcionários, independente do cargo que ocupem, nos resultados da empresa e no atendimento das necessidades dos clientes externos. Para tanto, busca a valorização e o desenvolvimento de uma cultura organizacional orientada para o cliente externo. Já o **marketing de relacionamento** busca a manutenção de clientes em médio e longo prazos. Devido à **interação**, a empresa acaba por desenvolver relações e métodos de comunicação que a auxiliam a identificar as necessidades de seus clientes para que possa atendê-las, gerando lucro.

A união desses dois tipos de marketing – interno e de relacionamento – leva os gestores a agregar novos valores a serviços e produtos. A interação direta com os clientes faz com que empresa e funcionários percebam o que o cliente deseja. O resultado dessa interação é o aprendizado e a criação de uma vantagem competitiva sobre a concorrência.

Questões para revisão

1. O que significa "agregar valor" a um produto? Mencione exemplos em sua resposta.

2. Como o marketing de relacionamento pode auxiliar na manutenção de clientes em médio prazo e longo prazo?

3. Para a implantação de um programa de marketing interno, a empresa **não** deve realizar:
   a. treinamento sob a ótica da educação e do desenvolvimento a partir das necessidades detectadas pela pesquisa de clima organizacional.
   b. programas de motivação, valorização, comprometimento e recompensa.
   c. rede de comunicação interna, de acordo com os resultados da pesquisa, estabelecendo canais de acordo com o desejado pelos colaboradores.
   d. reconhecimento por meio de brindes.
   e. administração participativa ao dar a oportunidade aos funcionários de participarem nas decisões da empresa.

4. Quanto ao CRM (*Customer Relationship Management*), ou Gerenciamento do Relacionamento com os Clientes, é correto afirmar que:
   a. o *database* marketing determina o processo de tomada de decisões de marketing.
   b. o CRM é de uso exclusivo dos gerentes de marketing de empresas mundiais.
   c. esse recurso tem por objetivo prover a empresa de informações que permitam que todos os funcionários da empresa atendam melhor ao cliente.
   d. é voltado a atender ao interesse dos *stakeholders*.
   e. é responsável pelo envio de malas diretas aos clientes.

5. Em relação ao marketing de relacionamento, assinale a alternativa que melhor descreve seu conceito:
   a. O marketing de relacionamento se ocupa das atividades de serviços.
   b. O marketing de relacionamento é responsável por motivar os funcionários a atenderem bem aos clientes.
   c. O marketing de relacionamento tem como principal objetivo entregar valor ao cliente.
   d. O marketing de relacionamento é um processo simples de entrega de valor ao cliente
   e. O marketing de relacionamento tem por objetivo construir relacionamentos de longo prazo com clientes e parceiros, para agregar valor a seus produtos e serviços.

Para saber mais

Para aprofundar seus estudos sobre marketing interno e de relacionamento veja:

COBRA, M; RANGEL, A. *Serviços ao cliente*: uma estratégia competitiva. São Paulo: Marcos Cobra, 1992.

MASLOW, A. H. Teoria da motivação humana. In: BALCÃO, Y.; CORDEIRO, L. L. (Org.). *O comportamento humano na empresa*. Rio de Janeiro: Ed. da FGV, 1995.

McGREGOR, D. *O lado humano da empresa*. 2. ed. São Paulo: M. Fontes, 1992.

ULRICH, D. *Os campeões de recursos humanos*: inovando para obter melhores resultados. São Paulo: Futura, 1998.

para concluir

O **planejamento estratégico de marketing** tem por maior objetivo entender as tendências dos mercados de atuação da empresa e identificar oportunidades de negócio. Além das atividades do *mix* de marketing, é responsável também pelo desenvolvimento de pesquisas e pela orientação da empresa para o cliente.

O processo de planejamento de marketing busca encontrar oportunidades e desenvolver estratégias que sejam rentáveis para a empresa. Para tanto, deve estar apoiado no estudo não somente do ambiente interno da empresa, mas também nas análises do ambiente competitivo e do ambiente externo, no qual as variáveis incontroláveis – políticas, econômicas, sociais e tecnológicas – influenciam direta ou indiretamente na direção dos negócios. Esse estudo tem como produto final uma Matriz SWOT e é fortemente apoiado por um sistema de informações de mercado e pesquisas, ou inteligência de marketing.

Quando todas as análises são feitas, fica fácil identificar ações a serem desenvolvidas no plano de marketing para se aproveitar a oportunidade observada e para que uma vantagem competitiva seja trabalhada, a fim de posicionar a empresa ou o **produto/serviço**. Inicia-se, assim, a definição das estratégias do *mix* mercadológico. Todo o cerne de um plano está no **público-alvo** da oportunidade ou da empresa. Sem a definição desse perfil, todos os esforços poderão ser perdidos e a estratégia poderá fracassar. Para tanto, a segmentação é indispensável. Classificar os consumidores dentro das variáveis geográficas, demográficas, comportamentais e psicográficas auxiliará a empresa não somente a localizar o cliente, mas também a direcionar todas as ações de maneira certeira.

Inicia-se, então, o processo de posicionar a empresa. O **posicionamento** pode estar baseado na qualidade, no canal, no preço e em outros diversos fatores de diferenciação combinados à **estratégia de preço**. É o ponto forte da empresa em relação aos seus concorrentes – a entrega de valor –, constituindo-se na vantagem competitiva da empresa e que deve estar expressa na **comunicação** com o mercado. As decisões de **ponto** (distribuição e logística) devem oferecer ao público-alvo o acesso ao produto ou serviço de acordo com as necessidades do mesmo.

A empresa também deverá pensar em relacionamentos com as **pessoas** interessadas na organização – funcionários, clientes, fornecedores e comunidade – para fortalecer sua imagem no mercado e conquistar uma posição mais segura. Para isso, deve se apoiar em programas de marketing interno e de relacionamento que auxiliem no trabalho de comprometimento da sua equipe de colaboradores, fidelização de clientes, fortalecimento de parcerias e apoio da sociedade.

Finalizando, nenhum planejamento de marketing poderá caminhar sem monitoramento e controle. As ações devem ser acompanhadas e mensuradas para a verificação do alcance de resultados e a tomada de ações corretivas.

Tudo isso nos leva a perceber que as empresas que conhecem seus clientes, que estão voltadas para o mercado e que estão atentas a todas as transformações que ocorrem em seus ambientes têm mais condições de competir, e o **planejamento de marketing** é o instrumento que orientará a empresa no desenvolvimento e na implementação de suas estratégias. Afinal, as organizações estão em ambientes de constantes mudanças e as maiores delas estão no mercado e na concorrência, foco maior dos estudos de marketing, para satisfazer a desejos e necessidades de clientes e mantê-los, por meio de entrega de valor superior.

referências

ABEP – Associação Nacional das Empresas de Pesquisas. *Critério de Classificação Econômica Brasil*: adoção do CCEB 2008 – download. Disponível em: <http://www.abep.org/novo/Content.aspx?ContentID=139&SectionCode=TUDO>. Acesso em: 10 mar. 2010.

ABIHPEC – Associação Brasileira da Indústria de Higiene Pessoal, Perfumaria e Cosméticos. *Dados do mercado*. 2009. Disponível em: <http://www.abihpec.org.br/conteudo/Panorama2009_Portugues.pdf>. Acesso em: 30 nov. 2009.

ANSOFF, H. I. *Estratégia empresarial*. São Paulo: McGraw-Hill, 1977.

_____. *A nova estratégia empresarial*. São Paulo: Atlas, 1990.

ANSOFF, H. I.; McDONNELL, E. J. *Implantando a administração estratégica*. São Paulo: Atlas, 1993.

BANDEIRA, M. L.; MARQUES, A. L.; VEIGA, R. T. As dimensões múltiplas do comprometimento organizacional: um estudo na ECT/MG. *RAC – Revista de Administração Contemporânea*, São Paulo, v. 4, n. 2, p. 133-157, maio/ago. 2000. Disponível em: <http://www.scielo.br/pdf/rac/v4n2/v4n2a08.pdf>. Acesso em: 10 fev. 2010.

BCG – Boston Consulting Group. *The product portfolio*. 1970. Disponível em: <http://www.bcg.com/documents/file13255.pdf>. Acesso em: 26 abr. 2010.

BEKIN, S. F. *Conversando sobre endomarketing*. São Paulo: Makron Books, 1995.

BEPPLER, L. N. *E afinal, o que é estratégia?* Disponível em: <http://www.batebyte.pr.gov.br/modules/conteudo/conteudo.php?conteudo=1336>. Acesso em: 30 nov. 2009.

BERKOWITZ, E. et al. *Marketing*. Rio de Janeiro: LTC, 2000. v. 1.

BERRY, L. L. Emerging perspectives on services marketing. In: BERRY, L. L.; SHOSTACK, G. L.; UPAH, G. (Ed.). *Proceedings of services marketing conference*. Chicago: American Marketing Association, 1983.

BETHLEM, A. de S. *Estratégia empresarial*: conceitos, processo e administração estratégica. 4. ed. São Paulo: Atlas, 2002.

BOONE, L. E.; KURTZ, D. L. *Marketing contemporâneo*. Rio de Janeiro: LTC, 1998.

BORGES, A. R. *Marketing de varejo*: as estratégias adotadas pelos supermercados de vizinhança para conquistar e fidelizar clientes.

155 f. Dissertação (Mestrado em Engenharia de Produção) – Universidade Federal de Santa Catarina, Florianópolis, 2001.

BRASIL. Constituição (1988). *Diário Oficial da União*, Brasília, DF, 5 out. 1988. Disponível em: <http://www.planalto.gov.br/ccivil_03/constituicao/constitui%C3%A7ao.htm>. Acesso em: 14 maio 2010.

BRASIL. Lei n. 4.680, de 18 de junho de 1965. *Diário Oficial da União*, Poder Legislativo, Brasília, DF, 21 jun. 1965. p. 5748. Disponível em: <http://www.planalto.gov.br/ccivil_03/Leis/L4680.htm>. Acesso em: 10 fev. 2010.

BRASIL. Ministério da Educação. Instituto Nacional de Estudos e Pesquisas Educacionais Anísio Teixeira. *Enade 2006*: prova de administração. 2006. Disponível em: <http://www.inep.gov.br/download/enade/2006/Provas/PROVA_DE_ADMINISTRACAO.pdf>. Acesso em: 22 abr. 2010.

BRETZKE, M. *O conceito de CRM viabilizando o marketing de relacionamento para competir em tempo real*. 2004. Disponível em: <http://www.bretzke-marketing.com.br/textos/artigos04.htm>. Acesso em: 30 nov. 2009.

BRUM, A. de M. *Endomarketing como estratégia de gestão*: encante seu cliente interno. Porto Alegre: L&PM, 1998.

CAIXETA, N. O imperador do Norte. *Exame*, São Paulo, v. 727, n. 23, p. 64-72, 15 nov. 2000. Disponível em: <http://portalexame.abril.com.br/revista/exame/edicoes/0727/m0047874.html>. Acesso em: 30 jul. 2010.

CANAL EXECUTIVO. *Pequenas empresas investem em motivação*. Disponível em: <http://www2.uol.com.br/canalexecutivo/notas06/030720066.htm>. Acesso em: 13 maio 2010.

CARROLL, L. *Alice in wonderland*. London: Wordsworth, 2001.

CARVALHO, P. C. *Administração mercadológica*: história, conceitos e estratégias. Campinas: Alínea, 2002.

CAVANHA FILHO, A. O. *Logística*: novos modelos. Rio de Janeiro: Qualitymark, 2001.

CERQUEIRA, W.. *Endomarketing*: educação e cultura para a qualidade. Rio de Janeiro: Qualitymark, 1994.

_____. _____. Rio de Janeiro: Qualitymark, 2002.

CERTO, S. C.; PETER, J. P. *Administração estratégica*. São Paulo: Makron Books, 1993.

CHANLAT, A.; BÉDARD, R. Palavras: a ferramenta do executivo. In: CHANLAT, J.-F. (Coord.). *O indivíduo na organização*: dimensões esquecidas. 3. ed. São Paulo: Atlas, 1996. v. 1.

CHIAVENATTO, I. *Gestão de pessoas*: o novo papel dos recursos humanos nas organizações. Rio de Janeiro: Campus, 1999.

CHRISTOPHER, M. *Logística e gerenciamento da cadeia de suprimentos*. São Paulo: Pioneira 1997.

CHURCHILL JUNIOR, G. A.; PETER, J. P. *Marketing*: criando valor para os clientes. São Paulo: Saraiva, 2000.

COBRA, M. *Sucessos em marketing*: casos brasileiros. São Paulo: Atlas, 1991.

_____. *Marketing competitivo*. São Paulo: Atlas, 1994.

COBRA, M; RANGEL, A. *Serviços ao cliente*: uma estratégia competitiva. São Paulo: Marcos Cobra, 1992.

COCHRAN, W. G. *Técnica de amostragem*. Rio de Janeiro: Fundo de Cultura, 1965.

CONAR – Conselho Nacional de Autorregulamentação Publicitária. Código de autorregulamentação publicitária. Capítulo 2: princípios gerais. Disponível em: <http://www.conar.org.br/html/codigos/codigos%20e%20anexos_principios%20gerais_indice.htm>. Acesso em: 10 dez. 2009.

COSTA, A. R.; TALARICO, E. de G. *Marketing promocional*: descobrindo os segredos do mercado. São Paulo: Atlas, 1996.

CZINKOTA, M. R. et al. *Marketing*: as melhores práticas. Porto Alegre: Bookman, 2001.

DICKSON, P. R. Introdução ao marketing. In: CZINKOTA, M. R. et al. *Marketing*: as melhores práticas. Porto Alegre: Bookman, 2004.

DRUCKER, P. F. *A profissão de administrador*. São Paulo: Pioneira, 1998.

_____. *Introdução à administração*. 3. ed. São Paulo: Pioneira, 2000.

_____. *The practice of management*. New York: Harper & Row, 1954.

ENGEL, J. F.; BLACKWELL, R. D.; MINIARD, P. W. *Comportamento do consumidor*. 8. ed. Rio de Janeiro: LTC, 2000.

FERRELL, O. C. et al. *Estratégia de marketing*. São Paulo: Atlas, 2000.

FILME B. Disponível em: <http://www.filmeb.com.br>. Acesso em: 22 abr. 2010.

FLEURY, M. T. L.; SHINYASHIKI, G. T.; STEVANATO, L. A. Arqueologia teórica e dilemas metodológicos dos estudos sobre cultura organizacional. In: MOTTA, F. C. P.; CALDAS, M. P. *Cultura organizacional e cultura brasileira*. São Paulo: Atlas, 1997.

FNQ – Fundação Nacional da Qualidade. *Critérios compromisso com a excelência e rumo à excelência*: 2009-2010. São Paulo: Fundação Nacional da Qualidade, 2009. Disponível em: <http://www.ppqg.org.br/rede_nacional_gestao.pdf>. Acesso em: 15 abr. 2010.

FREIRE, P. *Pedagogia da autonomia*: saberes necessários à prática educativa. 17. ed. São Paulo: Paz e Terra, 2001.

GIGLIO, E. *O comportamento do consumidor*. São Paulo: Pioneira, 2003.

GUMMESSON, E. Marketing orientation revisited: the crucial role of the part-time marketers. *European Journal of Marketing*, vol. 25, n. 2.

GRÖNROOS, C. *Marketing, gerenciamento e serviços*: a competição por serviços na hora da verdade. 4. ed. Rio de Janeiro: Campus, 1993.

_____. _____. 6. ed. Rio de Janeiro: Campus, 1995.

_____. *Service management and marketing*: managing the moment of truth in service competition. New York: Lexington Books, 2004a.

_____. The relationship marketing process: communication, interaction, dialogue, value. *Journal of Business and Industrial Marketing*, West Yorkshire, v. 19, n. 2, p. 99-113, 2004b.

HAMEL, G. *Liderando a revolução*. Rio de Janeiro: Campus, 2000.

HAX, A C.; MAJLUF, N. S. *Strategic management*: a integrative perspective. New Jersey: Prentice Hall, 1984.

HENDERSON, B. D. As origens da estratégia. In: MONTGOMERY, C. A.; PORTER, M. E. (Org.). *Estratégia*: a busca da vantagem competitiva. Rio de Janeiro: Campus, 1998.

HOLTJE, H. F.; GUAGLIARDI, J. A.; MAZZON, J. *Marketing*: exercícios e casos. São Paulo: McGraw-Hill, 1988.

HSM ONLINE. *A visão de Theodore Levitt*. jul./ago. 2003. Disponível em: <http://br.hsmglobal.com/adjuntos/14/documentos/000/061/0000061119.pdf>. Acesso em: 24 maio 2010.

IBGE – Instituto Brasileiro de Geografia e Estatística. *Censo demográfico 2000*. Disponível em: <http://www.ibge.gov.br/home/presidencia/noticias/19122001censo2000.shtm>. Acesso em: 12 dez. 2009.

KANAANE, R. *Comportamento humano nas organizações*: o homem rumo ao século XXI. 2. ed. São Paulo: Atlas, 1999.

KOTLER, P. *Administração de marketing*: análise, planejamento, implementação e controle. 5. ed. São Paulo: Atlas, 1998.

_____. *Administração de marketing*. 10. ed. São Paulo: Prentice Hall, 2000.

_____. _____. São Paulo: Futura, 2001.

_____. *Marketing essencial*. São Paulo: Prentice Hall do Brasil, 2004.

_____. *Marketing management*. São Paulo: Prentice Hall do Brasil, 1967.

_____. *Marketing para o século XXI*: como criar, conquistar e dominar mercados. São Paulo: Futura, 1999.

KOTLER, P.; ARMSTRONG, G. *Princípios de marketing*. Rio de Janeiro: Prentice Hall do Brasil, 1995.

LAMBIN, J. J. *Marketing estratégico*. Lisboa: McGraw-Hill, 2000.

LAS CASAS, A. L. *Administração de vendas*. São Paulo: Atlas, 2005.

_____. *Marketing de serviços*. São Paulo: Atlas, 1997a.

_____. *Marketing*: conceitos, exercícios, casos. São Paulo: Atlas, 1997b.

_____. *Plano de marketing para micro e pequena empresa*. 5. ed. São Paulo: Atlas, 2007.

LEVITT, T. *A imaginação de marketing*. 2. ed. São Paulo: Atlas, 1990.

_____. *Miopia em marketing*. São Paulo: Nova Cultural, 1986. (Coleção Harvard de Administração, v. 1). Disponível em: <http://www.eniopadilha.com.br/documentos/levit_1960_miopia%20em%20marketing.pdf>. Acesso em: 29 abr. 2010.

LIVINGSTONE, J. M. *Pesquisa de mercado*. São Paulo: Atlas, 1988.

MALHOTRA, N. K. *Pesquisa de marketing*: uma orientação aplicada. 3. ed. Porto Alegre: Bookman, 2001.

MARIANI, C. A. Método PDCA e ferramentas da qualidade no gerenciamento de processos industriais: um estudo de caso. *RAI – Revista de Administração e Inovação*, São Paulo, v. 2, n. 2, p. 110-126, 2005. Disponível em: <http://www.revista-rai.inf.br/ojs-2.1.1/index.php/rai/article/viewFile/75/73>. Acesso em: 30 jul. 2010.

MARSHALL, K. P. *Marketing information systems*: creating competitive advantage in the information age. Danvers: Boyd & Fraser, 1996.

MARTINS, D. *CRM não é puramente a utilização sensata de TI, mas uma questão de RH*. 26 jun. 2008. Disponível em: <http://www.administradores.com.br/informe-se/artigos/crm-nao-e-puramente--a-utilizacao-sensata-de-ti-mas-uma-questao--de-rh/23634>. Acesso em: 17 maio 2010.

MASLOW, A. H. Teoria da motivação humana. In: BALCÃO, Y.; CORDEIRO, L. L. (Org.). *O comportamento humano na empresa*. Rio de Janeiro: Ed. da FGV, 1995.

MATTAR, F. N. *Pesquisa de marketing*: metodologia, planejamento, execução e análise. São Paulo: Atlas, 1993. 2 v.

_____. *Uma contribuição ao estudo do processo de planejamento empresarial*: uma proposta de modelo para planejamento de marketing. Disponível em: <http://www.fauze.com.br/DOCUMENTOS/Uma%20contribui%C3%A7%C3%A3o%20ao%20estudo%20do%20processo%20de%20planejamento%20empresarial.pdf>. Acesso em: 12 dez. 2009.

MAXIMIANO, A. C. A. *Introdução à administração*. 7. ed. São Paulo: Atlas, 2007.

McCARTHY, E. J.; PERREAULT JUNIOR, W. D. *Marketing essencial*: uma abordagem gerencial e global. São Paulo: Atlas, 1997.

McGREGOR, Douglas. *O lado humano da empresa*. 2. ed. São Paulo: M. Fontes, 1992.

McKENNA, R. *Marketing de relacionamento*: estratégias bem-sucedidas para a era do cliente. Rio de Janeiro: Campus, 1992.

MINTZBERG, H.; QUINN, J. B. *O processo da estratégia*. Porto Alegre: Bookman, 2001.

MONTGOMERY, C. A.; PORTER, M. E. (Org.). *Estratégia*: a busca da vantagem competitiva. Rio de Janeiro: Campus, 1998.

NEVES, L. P. das. *Dinâmica do customer relationship management (CRM)*: uma ferramenta de fidelização de clientes. 2002. Monografia (Graduação) – Universidade Federal do Rio Grande do Norte, Natal, 2002.

NICKELS, W.; WOOD, M. B. *Marketing*: relacionamento, qualidade, valor. Rio de Janeiro: LTC, 1999.

NONAKA, I. A empresa criadora de conhecimento. In: HARVARD BUSINESS REVIEW. *Gestão do conhecimento*. Rio de Janeiro: Campus, 2000.

OCDE – Organização para Cooperação e Desenvolvimento Econômico. *Manual de Oslo*: proposta de diretrizes para coleta e interpretação de dados sobre inovação tecnológica. 2004. Disponível em: <http://www.finep.gov.br/imprensa/sala_imprensa/manual_de_oslo.pdf>. Acesso em: 15 abr. 2010.

OLIVEIRA, D. de P. R. de. *Estratégia empresarial e vantagem competitiva*: como estabelecer, implantar e avaliar. 3. ed. São Paulo: Atlas, 2001.

_____. *Planejamento estratégico*: conceito, metodologias e práticas. São Paulo: Atlas, 1993.

_____. _____. 13. ed. São Paulo: Atlas, 1999.

PAIXÃO, M. V. *O marketing interno na mudança organizacional*: um estudo de caso do Banco do Estado do Paraná S/A. 2002. Dissertação (Mestrado em Administração e Planejamento) – Pontifícia Universidade Católica de São Paulo, São Paulo, 2002.

PARANÁ. Secretaria de Estado da Fazenda. *Norma de procedimento fiscal n. 41, de 7 de maio de 2009*. Disponível em: <http://www.sefanet.pr.gov.br/SEFADocumento/Arquivos/3200900041.pdf>. Acesso em: 26 abr. 2010.

PEPPERS, D; ROGERS, M. *Glossário*. Disponível em: <http://www.1to1.com.br/pag_glossario.php3>. Acesso em: 11 jun. 2010.

PETERS, T. *Prosperando no caos*. São Paulo: Pioneira, 1987.

POPAI – The Global Association For Marketing At Retail. *Os 4 pilares do merchandising*. Disponível em: <http://www.popaibrasil.com.br/biblioteca/arquivos/os_4_pilares.pdf>. Acesso em: 12 mar. 2010.

PORTER, M. E. *A vantagem competitiva das nações*. Rio de Janeiro: Campus, 1996.

_____. *Competição*: estratégias competitivas essenciais. Rio de Janeiro: Campus, 1999.

_____. *Estratégia competitiva*: técnicas para análise da indústria e da concorrência. 2. ed. Rio de Janeiro: Elsevier, 2004.

_____. *Vantagem competitiva*: criando e sustentando um desempenho superior. Rio de Janeiro: Campus, 1990.

PRAHALAD, C. K.; HAMEL, G. A competência essencial da corporação. In: MONTGOMERY, C.; PORTER, M. E. (Org.). *Estratégia*: a busca da vantagem competitiva. 3. ed. Rio de Janeiro: Campus, 1998.

PRIDE, W. M.; FERREL, O. C. *Marketing*: basic concepts and decisions. Boston: Houghton Mifflin, 1977.

RABACA, C. A.; BARBOSA, G. *Marketing*: segredos e estratégias. São Paulo: Saraiva, 1996.

RIBEIRO, R. V. *Estratégia empresarial*. Curitiba: Iesde Brasil, 2008.

RIES, A.; TROUT, J. *Posicionamento*: a batalha por sua mente. São Paulo: Pioneira, 1993.

ROCHA, A.; CHRISTENSEN, C. *Marketing*: teoria e prática no Brasil. São Paulo: Atlas, 1999.

SAMARA, B. S. *Pesquisa de marketing*. São Paulo: Makron Books, 1997.

SAMARA, B. S.; BARROS, J. C. *Pesquisa de marketing*: conceitos e metodologia. São Paulo: Makron Books, 2001.

SEBRAE – Serviço Brasileiro de Apoio às Micro e Pequenas Empresas. *Como elaborar uma pesquisa de mercado*. 2005. Disponível em: <http://www.sebrae-rs.com.br/produtos-servicos/publicacoes/como-elaborar-uma-pesquisa-mercado/1368.aspx>. Acesso em: 21 jul. 2010.

_____. *Iniciando um pequeno e grande negócio*. Brasil, 2009. Curso.

SMITH, A. *A riqueza das nações*. São Paulo: M. Fontes, 2003.

SOUSA, A. P. *Efeito dominó*: como a queda do mercado de DVDs no Brasil pode afetar o cinema. 2009. Disponível em: <http://www.filmeb.com.br/portal/html/materia10.php>. Acesso em: 23 abr. 2010.

STADLER, H. *Sistemas de avaliação e qualidade*. Curitiba: Fotolaser, 2008.

STAIR, R. M. *Princípios de sistemas de informação*: uma abordagem gerencial. Rio de Janeiro: LTC, 1998.

STANTON, W. J. *Fundamentos de marketing*. São Paulo: Pioneira, 1980.

SWIFT, R. *Customer relationship management*: o revolucionário marketing de relacionamentos com clientes. Rio de Janeiro: Campus, 2001.

TARAPANOFF, K. (Org.). *Inteligência organizacional e competitiva*. Brasília: Ed. da UnB, 2001.

TAVARES, M. C. *Gestão estratégica*. 2. ed. São Paulo: Atlas, 2005.

TEICH, D. H. *A ressurreição de uma marca*. 16 abr. 2009. Disponível em: <http://portalexame.abril.com.br/revista/exame/edicoes/0941/marketing/ressurreicao-marca-449169.html>. Acesso em: 31 maio 2010.

TIFFANY, P.; PETERSON, S. D. *Planejamento estratégico*. São Paulo: Campus, 1999.

TRONCHIN, V. *Clientes personalizados*: essa é a filosofia do CRM. Entrevista concedida a Marketing News. Disponível em: <http://www.scribd.com/doc/6992344/Clientes-personalizados>. Acesso em: 11 mar. 2010.

UBV – União Brasileira de Vídeo. Disponível em: <http://www.ubv.org.br>. Acesso em: 22 abr. 2010.

ULRICH, D. *Os campeões de recursos humanos*: inovando para obter melhores resultados. São Paulo: Futura, 1998.

UNOPAR – Universidade Norte do Paraná. *Manual de estágio supervisionado do curso de Administração (ESA)*: modalidade diagnóstico empresarial. 2009. Disponível em: <http://www.tapioca.adm.br/disc/tcc/diag.pdf>. Acesso em: 21 jul. 2010.

VAVRA, T. G. *Marketing de relacionamento*: after marketing. São Paulo: Atlas, 1993.

VENETIANER, T. *Como vender seu peixe na internet*: um guia prático de marketing e comércio eletrônico. Rio de Janeiro: Campus, 1999.

WEBSTER JUNIOR, F. E. The changing role of marketing in the corporation. *Journal of Marketing*, Chicago, v. 56, n. 4, p. 1-17, 1992.

WESTWOOD, J. *O plano de marketing*. São Paulo: Makron Books, 1996.

anexo

Critério de Classificação Econômica Brasil (CCEB)

O Critério de Classificação Econômica Brasil (CCEB), também conhecido como **Critério Brasil**, é um questionário-padrão que faz uma avaliação socioeconômica com o objetivo de definir as classes sociais no Brasil. O mercado fez a adoção de tal instrumento, que se constitui em um mecanismo para a avaliação do potencial de compra dos consumidores brasileiros, pois não os classifica exatamente por classes sociais mas, sim, por classes econômicas. O objetivo é o de ser o único na classificação de preços para o consumidor brasileiro e é feito baseado na posse de bens, e não na renda familiar. Cada bem possuído tem uma pontuação. As classes são definidas pela soma dessas pontuações.

De acordo com o **Ibope**, o CCEB serve para calcular o nível econômico das pessoas entrevistadas em pesquisas quantitativas e foi desenvolvido pela Associação Brasileira de Empresas de Pesquisa (Abep), com a finalidade de estimar o poder de compra das famílias urbanas, mas não possui a pretensão de classificar a população em classes sociais. A divisão de mercado proposta pelo estudo é exclusivamente de classes econômicas.

> **Ibope** – Instituto Brasileiro de Opinião Pública e Estatística. *Critério de classificação econômica*. 2005. Disponível em: <http://www.ibope.com.br/calandraWeb/servlet/CalandraRedirect?temp=6&proj=PortalIBOPE&pub=T&db=caldb&comp=pesquisa_leitura&nivel=Metodologia&docid=BA45822894BD6027832570350065CBAC>. Acesso em: 28 jul. 2010.

CRITÉRIO DE CLASSIFICAÇÃO ECONÔMICA BRASIL

O Critério de Classificação Econômica Brasil, enfatiza sua função de estimar o poder de compra das pessoas e famílias urbanas, abandonando a pretensão de classificar a população em termos de "classes sociais". A divisão de mercado definida abaixo é de **classes econômicas**.

SISTEMA DE PONTOS

Posse de itens

	Quantidade de Itens				
	0	1	2	3	4 ou +
Televisão em cores	0	1	2	3	4
Rádio	0	1	2	3	4
Banheiro	0	4	5	6	7
Automóvel	0	4	7	9	9
Empregada mensalista	0	3	4	4	4
Máquina de lavar	0	2	2	2	2
Videocassete e/ou DVD	0	2	2	2	2
Geladeira	0	4	4	4	4
Freezer (aparelho independente ou parte da geladeira duplex)	0	2	2	2	2

Grau de Instrução do chefe de família

Analfabeto / Primário incompleto	Analfabeto / Até 3ª Série Fundamental	0
Primário completo / Ginasial incompleto	Até 4ª Série Fundamental	1
Ginasial completo / Colegial incompleto	Fundamental completo	2
Colegial completo / Superior incompleto	Médio completo	4
Superior completo	Superior completo	8

CORTES DO CRITÉRIO BRASIL

Classe	Pontos
A1	42 - 46
A2	35 - 41
B1	29 - 34
B2	23 - 28
C1	18 - 22
C2	14 - 17
D	8 - 13
E	0 - 7

ABEP - Associação Brasileira de Empresas de Pesquisa – 2010 – www.abep.org – abep@abep.org
Dados com base no Levantamento Sócio Econômico 2008 – IBOPE

PROCEDIMENTO NA COLETA DOS ITENS

É importante e necessário que o critério seja aplicado de forma uniforme e precisa. Para tanto, é fundamental atender integralmente as definições e procedimentos citados a seguir.

Para aparelhos domésticos em geral devemos:

Considerar os seguintes casos
Bem alugado em caráter permanente
Bem emprestado de outro domicílio há mais de 6 meses
Bem quebrado há menos de 6 meses

Não considerar os seguintes casos
Bem emprestado para outro domicílio há mais de 6 meses
Bem quebrado há mais de 6 meses
Bem alugado em caráter eventual
Bem de propriedade de empregados ou pensionistas

Televisores
Considerar apenas os televisores em cores. Televisores de uso de empregados domésticos (declaração espontânea) só devem ser considerados caso tenha(m) sido adquirido(s) pela família empregadora.

Rádio
Considerar qualquer tipo de rádio no domicílio, mesmo que esteja incorporado a outro equipamento de som ou televisor. Rádios tipo walkman, conjunto 3 em 1 ou microsystems devem ser considerados, desde que possam sintonizar as emissoras de rádio convencionais. Não pode ser considerado o rádio de automóvel.

Banheiro
O que define o banheiro é a existência de vaso sanitário. Considerar todos os banheiros e lavabos com vaso sanitário, incluindo os de empregada, os localizados fora de casa e os da(s) suíte(s). Para ser considerado, o banheiro tem que ser privativo do domicílio. Banheiros coletivos (que servem a mais de uma habitação) não devem ser considerados.

Automóvel
Não considerar táxis, vans ou pick-ups usados para fretes, ou qualquer veículo usado para atividades profissionais. Veículos de uso misto (lazer e profissional) não devem ser considerados.

Empregada doméstica
Considerar apenas os empregados mensalistas, isto é, aqueles que trabalham pelo menos 5 dias por semana, durmam ou não no emprego. Não esquecer de incluir babás, motoristas, cozinheiras, copeiras, arrumadeiras, considerando sempre os mensalistas. Note bem: o termo empregados mensalistas se refere aos empregados que trabalham no domicílio de forma permanente e/ou continua, pelo menos 5 dias por semana, e não ao regime de pagamento do salário.

Máquina de Lavar
Considerar máquina de lavar roupa, somente as máquinas automáticas e/ou semiautomáticas.
O tanquinho NÃO deve ser considerado.

Videocassete e/ou DVD
Verificar presença de qualquer tipo de vídeocassete ou aparelho de DVD.

Geladeira e Freezer
No quadro de pontuação há duas linhas independentes para assinalar a posse de geladeira e freezer respectivamente. A pontuação será aplicada de forma independente:
Havendo geladeira no domicílio, independente da quantidade, serão atribuídos os pontos (4) correspondentes a posse fé geladeira;
Se a geladeira tiver um freezer incorporado – 2ª porta – ou houver no domicílio um freezer independente serão atribuídos os pontos (2) correspondentes ao freezer.

As possibilidades são:

Não possui geladeira nem freezer	0 pt
Possui geladeira simples (não duplex) e não possui freezer	4 pts
Possui geladeira de duas portas e não possui freezer	6 pts
Possui geladeira de duas portas e freezer	6 pts
Possui freezer mas não geladeira (caso raro mas aceitável)	2 pt

OBSERVAÇÕES IMPORTANTES

Este critério foi construído para definir grandes classes que atendam às necessidades de segmentação (por poder aquisitivo) da grande maioria das empresas. Não pode, entretanto, como qualquer outro critério, satisfazer todos os usuários em todas as circunstâncias. Certamente há muitos casos em que o universo a ser pesquisado é de pessoas, digamos, com renda pessoal mensal acima de US$ 30.000. Em casos como esse, o pesquisador deve procurar outros critérios de seleção que não o CCEB.

A outra observação é que o CCEB, como os seus antecessores, foi construído com a utilização de técnicas estatísticas que, como se sabe, sempre se baseiam em coletivos. Em uma determinada amostra, de determinado tamanho, temos uma determinada probabilidade de classificação correta, (que, esperamos, seja alta) e uma probabilidade de erro de classificação (que, esperamos, seja baixa). O que esperamos é que os casos incorretamente classificados sejam pouco numerosos, de modo a não distorcer significativamente os resultados de nossa investigação.

Nenhum critério, entretanto, tem validade sob uma análise individual. Afirmações freqüentes do tipo "... conheço um sujeito que é obviamente classe D, mas pelo critério é classe B..." não invalidam o critério que é feito para funcionar estatisticamente. Servem porém, para nos alertar, quando trabalhamos na análise individual, ou quase individual, de comportamentos e atitudes (entrevistas em profundidade e discussões em grupo respectivamente). Numa discussão em grupo um único caso de má classificação pode pôr a perder todo o grupo. No caso de entrevista em profundidade os prejuízos são ainda mais óbvios. Além disso, numa pesquisa qualitativa, raramente uma definição de classe exclusivamente econômica será satisfatória.

Portanto, é de fundamental importância que todo o mercado tenha ciência de que o CCEB, ou qualquer outro critério econômico, não é suficiente para uma boa classificação em pesquisas qualitativas. Nesses casos deve-se obter além do CCEB, o máximo de informações (possível, viável, razoável) sobre os respondentes, incluindo então seus comportamentos de compra, preferências e interesses, lazer e hobbies e até características de personalidade.

Uma comprovação adicional da conveniência do Critério de Classificação Econômica Brasil é sua discriminação efetiva do poder de compra entre as diversas regiões brasileiras, revelando importantes diferenças entre elas

RENDA FAMILIAR POR CLASSES

Classe	Pontos	Renda média familiar (Valor Bruto em R$) 2008
A1	42 a 46	14.366
A2	35 a 41	8.099
B1	29 a 34	4.558
B2	23 a 28	2.327
C1	18 a 22	1.391
C2	14 a 17	933
D	8 a 13	618
E	0 a 7	403

DISTRIBUIÇÃO DA POPULAÇÃO POR REGIÃO METROPOLITANA

2008

CLASSE	Total Brasil	Gde. FORT	Gde. REC	Gde. SALV	Gde. BH	Gde. RJ	Gde. SP	Gde. CUR	Gde. POA	DF
A1	0,6%	1,0%	0,30%	0,5%	0,60%	0,30%	0,6%	1,1%	0,20%	1,5%
A2	4,4%	3,5%	3,3%	2,5%	3,2%	3,5%	5,2%	5,3%	4,9%	8,8%
B1	9,1%	5,2%	5,8%	6,8%	7,7%	7,7%	10,6%	13,4%	11,3%	13,6%
B2	18,0%	10,1%	10,9%	9,4%	16,1%	17,5%	20,6%	25,3%	22,9%	20,4%
C1	24,5%	14,6%	19,7%	17,5%	24,4%	26,7%	26,9%	23,3%	27,1%	22,0%
C2	23,9%	27,9%	27,6%	31,5%	23,8%	26,30%	21,8%	19,4%	21,0%	17,5%
D	17,9%	30,7%	28,1%	28,4%	23,0%	17,0%	13,8%	10,7%	11,9%	15,4%
E	1,6%	7,0%	4,3%	3,4%	1,4%	0,9%	0,6%	1,6%	0,8%	1,0%

ABEP - Associação Brasileira de Empresas de Pesquisa – 2010 – www.abep.org – abep@abep.org
Dados com base no Levantamento Sócio Econômico 2008 – IBOPE

respostas

Capítulo 1:
1. O planejamento define um conjunto de estratégias que orientarão o posicionamento da empresa no ambiente, adequando recursos físicos, financeiros e humanos.

2. Em termos empresariais, a estratégia é a mobilização de todos os recursos para atingir os objetivos empresariais de longo prazo.

3. e

4. b

5. a

Capítulo 2:
1. Os produtos podem ser diferenciados por meio da alteração de um dos atributos do *mix*, como uma embalagem mais moderna, um serviço adicional, entre outros.

2. Planejamento estratégico de marketing significa encontrar oportunidades atraentes e desenvolver estratégias de marketing rentáveis. É um processo, pois suas atividades são contínuas e permanentes.

3. a

4. c

5. b

Capítulo 3:
1. b

2. b

3. e

4. Ele possibilita encontrar oportunidades contínuas para inovar.

5. Pela coleta sistemática de informações.

Capítulo 4:
1. A empresa consegue identificar tendências de mercado.

2. É um conjunto de características que permitem a uma empresa se diferenciar, por entregar mais valor aos seus clientes, em comparação aos seus concorrentes e sob o ponto de vista dos clientes.

3. e

4. d

5. e

Capítulo 5:
1. Crença de sustentação de lucros por um mercado em expansão: acreditar que sempre haverá mercado para o produto; crença num produto indispensável e

insubstituível: obsolescência; fé exagerada na produção em massa: foco na produção, esquecendo-se do cliente; e atenção demasiada à inovação tecnológica: acreditar que um produto de qualidade irá se vender por si só.

2. Mudanças de comportamento ou características em um grupo significativo de pessoas.

3. d

4. b

5. e

Capítulo 6:

1. Oferecer um diferencial face aos concorrentes e que seja percebido pelo cliente.

2. Devido à **interação**, a empresa acaba por desenvolver relações e métodos de comunicação que a auxiliam a identificar as necessidades de seus clientes para que possa atendê-las, gerando lucro.

3. d

4. c

5. e

sobre a autora

Marcia Valéria Paixão é paranaense, nascida em Rolândia, e reside em Curitiba desde 1991. Nesse mesmo ano, passou a exercer o cargo de analista de marketing no Banco do Estado do Paraná (Banestado).

Em 2002, começou a trabalhar como consultora em planejamento estratégico de marketing para micro e pequenas empresas. É especialista na área e mestre em Administração pela Pontifícia Universidade Católica de São Paulo (PUCSP), em 2002, com a linha de pesquisa Estratégias Organizacionais e Marketing.

É professora universitária desde 1998, das disciplinas de Comportamento do Consumidor, Planejamento Estratégico de Marketing e Desenvolvimento de Novos Produtos, nas instituições de ensino Instituto Brasileiro de Pós-Graduação e Extensão (Ibpex) e Universidade Estácio de Sá. Autora de livros e artigos sobre marketing, atualmente exerce o cargo de consultora na Unidade de Desenvolvimento de Soluções do Sebrae-PR.

Impressão: MAXIGRAFICA
Outubro/2013